Scoprire i Giochi Gratuiti Online

Disponibile Qui:

BestActivityBooks.com/FREEGAMES

5 CONSIGLI PER INIZIARE

1) COME RISOLVERE LE PAROLE INTRECCIATTE

I puzzle hanno un formato classico:

- Le parole sono nascoste senza spazi o trattini,...
- Orientamento: Le parole possono essere scritte in avanti, indietro, verso l'alto, verso il basso o in diagonale (possono essere invertite).
- Le parole possono sovrapporsi o intersecarsi.

2) APPRENDIMENTO ATTIVO

Accanto ad ogni parola c'è uno spazio per scrivere la traduzione. Per incoraggiare l'apprendimento attivo, un **DIZIONARIO** alla fine di questa edizione vi permetterà di controllare e ampliare le vostre conoscenze. Cerca e scrivi le traduzioni, trovale nel puzzle e aggiungile al tuo vocabolario!

3) SEGNARE LE PAROLE

Puoi inventare il tuo sistema di segni. Forse ne usi già uno? Per esempio, puoi segnare le parole difficili da trovare con una croce, le parole preferite con una stella, le parole nuove con un triangolo, le parole rare con un diamante, e così via.

4) STRUTTURARE L'APPRENDIMENTO

Questa edizione offre un **TACCUINO** alla fine del libro. In vacanza, in viaggio o a casa, puoi organizzare facilmente le tue nuove conoscenze senza bisogno di un secondo quaderno!

5) AVETE FINITO TUTTE LE GRIGLIE?

Nelle ultime pagine di questo libro, nella sezione della **SFIDA FINALE**, troverete un gioco gratuito!

Facile e veloce! Dai un'occhiata alla nostra collezione di libri di attività per il tuo prossimo momento di divertimento e **apprendimento,** a portata di clic!

Trova la tua prossima sfida su:

BestActivityBooks.com/MioProssimoLibro

Ai vostri posti, pronti...Via!

Sapevi che ci sono circa 7.000 lingue diverse nel mondo? Le parole sono preziose.

Amiamo le lingue e abbiamo lavorato duramente per creare libri di altissima qualità. I nostri ingredienti?

Una selezione di argomenti adatti all'apprendimento, tre buone porzioni di intrattenimento, una cucchiaiata di parole difficili e una spolverata di parole rare. Li serviamo con amore e entusiasmo in modo che tu possa risolvere i migliori giochi di parole e divertirti imparando!

La vostra opinione è essenziale. Puoi partecipare attivamente al successo di questo libro lasciandoci un commento. Ci piacerebbe sapere cosa ti è piaciuto di più di questa edizione.

Ecco un link veloce alla pagina dell'ordine:

BestBooksActivity.com/Recensione50

Grazie per il vostro aiuto e buon divertimento!

Tutta la squadra

1 - Scacchi

```
プ 編 ク ト 魔 編 戦 略 品 チ 品 影 ダ 法 味
キ 園 ク ー 園 ラ み 園 味 ゲ ャ み イ 釣 キ
白 い 賢 ナ 読 興 写 園 影 芸 ゲ ン ハ み ト
イ シ シ メ ク ダ 喜 パ 対 興 活 ー ピ 真 ス
ジ び 撮 ン 絵 り レ ッ 角 相 手 ヤ ム オ テ
女 魔 法 ト ハ み ズ シ 狩 興 ル ル ポ ン コ
王 真 写 シ 学 書 撮 ブ 動 興 び レ イ ン ジ
キ グ ラ 法 陶 ぶ 撮 イ 真 影 書 プ ン ト 物
ラ 魔 み 園 レ キ 書 ン 真 書 園 魔 み リ 写
ゼ 編 み 真 ゲ た 動 め 狩 み 書 ジ 撮 興 パ
絵 狩 ル シ 画 ン 課 題 に 時 犠 喜 リ 味 絵
影 ャ 写 み 芸 グ 園 ン 魔 間 牲 イ 真 ハ ダ
魔 品 写 イ 真 興 ラ 画 ム ル キ 絵 猟 リ ル
味 写 ズ ジ 芸 撮 猟 ブ ラ ッ ク 活 影 猟 み
ゲ 芸 パ ク ゲ 影 ゲ ゼ パ 画 み 釣 キ 猟 み
```

相手	学ぶために
白い	ポイント
チャンピオン	キング
コンテスト	女王
対角	ルール
プレーヤー	犠牲
ゲーム	課題
賢い	戦略
ブラック	時間
パッシブ	トーナメント

2 - Salute e Benessere #2

ダ	物	絵	グ	プ	み	ャ	リ	院	物	狩	ク	狩	み	ア
園	ラ	魔	園	書	レ	ゲ	食	病	り	芸	画	パ	園	レ
編	書	品	影	エ	び	品	欲	気	影	釣	レ	ゲ	物	ル
興	感	染	ダ	ネ	遺	伝	学	味	元	び	動	シ	ク	ギ
絵	撮	ク	イ	ル	シ	ク	ハ	リ	ジ	陶	衛	み	撮	ー
ゲ	釣	キ	エ	ギ	ル	パ	読	ジ	法	読	み	生	撮	リ
シ	解	品	ッ	ー	エ	ク	キ	芸	ル	ン	物	ン	キ	ロ
ー	味	剖	ト	ラ	ル	陶	み	味	グ	エ	真	キ	シ	カ
ク	ゲ	グ	学	画	法	重	魔	ダ	ハ	ー	イ	書	味	影
ャ	活	栄	養	ー	み	さ	ビ	タ	ミ	ン	狩	シ	キ	ゼ
マ	ッ	サ	ー	ジ	ダ	リ	み	リ	ラ	影	キ	陶	法	園
血	動	品	ク	ダ	法	喜	写	編	グ	読	芸	脱	撮	書
ジ	狩	プ	キ	消	化	み	エ	真	真	味	活	水	グ	撮
園	写	影	画	ル	芸	グ	写	キ	ル	ゲ	び	ル	ム	物
パ	リ	ク	エ	パ	猟	動	ラ	興	体	ズ	写	味	ク	リ

アレルギー	衛生
解剖学	感染
食欲	病気
カロリー	マッサージ
ダイエット	栄養
消化	病院
脱水	重さ
エネルギー	元気
遺伝学	ビタミン

3 - Aggettivi #2

```
ル ダ 画 ラ 活 ャ り 書 ピ 芸 ジ 影 ム 編 写
ク リ エ イ ティ ブ 強 ュ 活 ダ エ ダ グ 活
ャ り 品 み ゼ シ い ア ダ ナ ル ハ 興 写 ム
物 ゼ 生 産 的 園 エ 新 撮 シ チ ラ プ 写 レ
エ 真 動 ク 劇 芸 編 ズ 着 編 ュ び ル 撮 撮
空 腹 編 喜 リ 興 イ 正 常 動 ラ 面 パ ャ キ
影 陶 イ 喜 エ 編 ー パ 猟 リ ル 塩 白 グ 芸
オ り 興 書 レ 物 エ 物 ズ 真 ム 辛 い 誇 り
レ ー 魔 ジ ガ ド 有 名 り 魔 み 興 い 甘 魔
グ グ セ パ ン ラ リ り 魔 レ イ ジ ジ エ ズ
品 活 キ ン ト イ ル 魔 猟 キ 読 ム ゲ 品
元 気 エ ン テ 真 写 エ 編 び ゼ キ 撮 レ
プ ゲ ル 絵 リィ 味 ク レ ハ ダ 責 任 者 み
ー り 写 ゼ 活 ム ッ 狩 写 読 ラ ゼ 撮 影 明
品 書 ズ シ ン び 品 ク レ 狩 狩 ズ 影 り 真
```

空腹	面白い
ドライ	ナチュラル
オーセンティック	正常
クリエイティブ	新着
説明	誇り
甘い	生産的
劇的	ピュア
エレガント	責任者
有名な	塩辛い
強い	元気

4 - Ingegneria

ダ	真	ー	釣	ャ	ゼ	安	定	性	角	り	り	品	写	読
影	計	算	グ	ム	パ	撮	魔	ム	度	釣	法	ム	動	び
法	物	み	プ	び	活	味	編	釣	味	イ	軸	読	ハ	ゲ
芸	シ	リ	物	ン	狩	釣	エ	ズ	エ	ル	法	釣	ゼ	イ
リ	び	パ	品	ディ	ー	ゼ	ル	リ	画	真	み	ル	味	
釣	写	エ	魔	釣	パ	タ	猟	建	イ	狩	興	陶	測	機
回	ー	液	構	ャ	釣	ー	ジ	設	編	興	真	ム	定	械
グ	転	体	造	芸	撮	モ	味	ン	ム	写	ジ	画	猟	法
狩	写	ャ	び	真	エ	ン	物	レ	ー	ハ	ダ	パ	味	
り	レ	真	み	ジ	ハ	ネ	品	ゼ	エ	ジ	ー	み	品	ン
グ	レ	シ	影	ラ	び	ル	図	キ	イ	釣	活	興	ル	イ
リ	芸	動	ル	リ	リ	ギ	活	強	喜	喜	分	ク	ャ	ン
ャ	狩	狩	み	猟	真	ー	グ	さ	深	み	活	布	り	ゼ
ン	魔	釣	活	猟	読	り	真	キ	撮	直	ゼ	グ	ズ	陶
撮	ハ	魔	エ	ギ	ア	り	興	推	進	ジ	径	エ	画	読

角度	液体
計算	機械
建設	測定
直径	モーター
ディーゼル	深さ
分布	推進
エネルギー	回転
強さ	安定性
ギア	構造

5 - Archeologia

ハ写園リプー影びり化園撮法イ真
み影プ影りレ影編ダ石狩芸狩写ム
写真書動影ルム撮ズ写真陶時寺一書
ンリル読ラ活芸ルー忘影真器代レ
不ムダジ読味リ喜画れ魔墓インズレ
明興真読物ムびリイら魔墓興ズ絵
チー興陶釣ズ活リぜれゼ絵物グ興
ーリテスミシ書書動た骨写分析
ム遺ズりハシプジ味教授みズゲル
ハ物撮影シエ狩法ハ喜ハ芸レキ動
ー り読物子活味活グ喜ゼ園リグ画
評価絵ム興孫オブジェクトン専画
陶文グパ興シャ猟グ年魔リり門画影
写明書工喜りジクズびズ芸ラ家編
ルシ品魔真狩書ャ書研究者ムび

分析	ミステリー
陶器	オブジェクト
文明	教授
忘れられた	遺物
子孫	研究者
時代	不明
専門家	チーム
化石	評価

6 - Salute e Benessere #1

撮 釣 興 グ 陶 猟 魔 ズ 動 リ 読 ウ イ ル ス
み ラ 高 狩 ハ 読 ズ 味 ジャ 猟 魔 撮 ム イ 興 リ
習 ゲ さ り ン 撮 猟 リプ イ 陶 イ ダ リ 興 リ
慣 編 ク 猟 ク 釣 パ み 魔 猟 グ 興 品 リ 影
芸 ラ 陶 陶 編 陶 ズ パ エ 編 ン 物 活 薬 味 ー
陶 び 動 エク 治 姿 勢 ム ゼ 法 筋 魔 味 ゼ
リ び び ズ 動 療 魔 物 み 肌 ゼ ク 肉 猟 び リ
釣 写 リ ラ ク ゼ ー シ ョ ン び 法 画 び リ
ル 写 パ 診 影 反 興 神 法 シ り シ 物 ラ 編
ゲ 魔 喜 レ 療 射 ア 経 薬 ー キ ク 陶 書 ホ
み 動 活 び 絵 所 ク パ 局 撮 興 芸 真 り ル
パ 写 法 法 折 プ テ 飢 餓 動 ゲ 品 び ゲ モ
ー ク キ 猟 骨 芸 ィ 細 菌 医 ム 味 プ 猟 ン
ジ 真 絵 活 ー 画 ブ び ク 者 パ パ 興 パ ャ
ズ 法 画 魔 ゼ 陶 興 ゲ 真 影 ゲ ジ 品 キ ラ

習慣   筋肉
高さ   神経
アクティブ   ホルモン
細菌   姿勢
診療所   反射
飢餓   リラクゼーション
薬局   治療
骨折   ウイルス
医者

7 - Aggettivi #1

```
モ 影 グ エ 活 ジ エ 活 編 ゼ み ャ イ ダ 写
ダ ル ゲ ジ ゼ 芸 パ キ 読 魔 写 真 キ ラ 品
ン グ 影 絵 動 キ エ ム ゾ リ 重 要 芸 術 的
ア ク ティ ブ 興 陶 喜 動 チ プ 興 リ 絵 心
芳 香 族 ダ 陶 興 ハ ャ 撮 芸 ッ イ 芸 猟 野
ム 動 陶 若 巨 大 な 大 寛 キ 編 ク 陶 キ イ
撮 撮 ー き 大 味 動 シ ル 影 園 品 パ ク
キ ム ク 深 遅 ラ 味 ジ レ み プ 正 直 編 ジ
グ 読 ジ び ー び 狩 魔 法 ク 写 真 エ ー 写
同 プ 完 全 シ み ゲ ム ク ジ 品 ハ 活 キ エ
ー 貴 重 み リ 物 編 重 い ゲ シ 芸 ャ ジ ム
狩 み ク ラ 物 エ ゼ ー 魔 絶 喜 魔 喜 興 猟
活 び 芸 魔 法 写 品 び 釣 対 魔 読 画 ン 猟
ハ 興 薄 動 グ ン 画 喜 ゼ ー イ イ 狩 品 ャ
園 グ 物 い 撮 狩 品 味 味 ン 編 狩 書 シ 法
```

野心的
芳香族
芸術的
絶対
アクティブ
巨大な
エキゾチック
寛大な
若い
大きい

同一
重要
遅い
モダン
正直
完全
重い
貴重
深い
薄い

8 - Geologia

```
コ ハ キ パ 酸 ク 動 ハ 真 ャ ン 興 ャ 影 動
ー パ ジ ズ カ ゲ 芸 ー 法 ハ 園 園 シ 動 芸
ラ 間 欠 泉 ル 火 読 ラ 真 り 興 エ 品 動 味
ル 高 ゲ 活 シ 山 絵 動 グ ハ イ グ 活 リ ャ
リ 原 溶 岩 シ 物 猟 猟 ゲ リ ズ 園 活 絵 絵
狩 真 読 味 ム 喜 び ゼ 読 レ ゲ ゲ 釣 パ パ
イ 釣 書 ラ シ 陶 園 狩 芸 結 ダ 絵 釣 魔 ャ
芸 石 英 グ ー 絵 味 絵 レ リ 晶 芸 撮 ル り
猟 活 キ 味 リ 書 釣 魔 キ キ 活 書 陶 ル パ
活 地 物 絵 グ リ 塩 園 ン ク パ 魔 石 ー 窟
化 震 魔 グ ズ 興 芸 ゲ エ ミ 画 園 ハ 洞 法
石 乳 鍾 絵 プ 撮 プ 法 喜 ネ プ 狩 編 エ 釣
侵 園 層 レ 大 園 興 書 シ ラ ク 興 イ レ 品
食 石 筍 レ 陸 ン 法 園 物 ル リ ル レ ク グ
書 ジ 読 園 ン 釣 狩 エ 真 園 喜 パ 品 グ 画
```

高原	間欠泉
カルシウム	溶岩
洞窟	ミネラル
大陸	石英
コーラル	石筍
結晶	鍾乳石
侵食	地震
化石	火山

9 - Campeggio

釣	地	図	猟	狩	月	園	動	ゼ	り	陶	動	画	喜	物
み	編	ャ	興	味	木	冒	ゲ	ズ	帽	子	物	森	ム	ャ
ダ	書	プ	パ	ズ	ム	険	キ	芸	リ	ダ	キ	パ	ズ	自
陶	写	み	ゲ	画	ダ	ル	ム	喜	パ	ン	狩	猟	釣	然
み	読	陶	狩	読	ハ	絵	画	ー	楽	し	い	品	園	ム
ロ	魔	み	絵	リ	芸	品	興	撮	真	画	ハ	ム	リ	エ
魔	ー	昆	テ	ン	ト	魔	興	真	狩	キ	ン	動	み	り
興	リ	プ	虫	写	キ	び	ハ	芸	味	ャ	ラ	ー	コ	品
写	芸	み	ラ	山	品	レ	ー	ム	物	ビ	ズ	興	ン	影
編	写	影	動	品	魔	撮	釣	ゲ	ャ	ン	シ	品	パ	ゼ
猟	カ	ヌ	ー	芸	絵	ム	レ	エ	狩	動	真	興	ス	興
ン	み	み	ズ	撮	画	ゼ	猟	ゼ	芸	エ	ム	キ	火	ム
ラ	読	品	キ	ル	法	書	ム	ラ	真	狩	画	ゼ	ク	絵
キ	撮	喜	ダ	ハ	ン	モ	ッ	ク	湖	釣	ラ	絵	ャ	読
み	法	ャ	喜	ダ	ズ	釣	喜	魔	ゼ	魔	り	シ	ク	ル

ハンモック	帽子
動物	ロープ
冒険	楽しい
コンパス	昆虫
キャビン	地図
狩猟	自然
カヌー	テント

10 - Arti Visive

ム	イ	芸	リ	ム	構	法	り	ラ	グ	り	狩	狩	ゲ	建
び	陶	魔	魔	ャ	成	ゼ	味	ジ	ー	ム	び	炭	真	築
グ	ブ	ズ	ン	法	動	り	レ	ム	真	品	法	書	チ	
イ	ィ	ク	イ	ャ	陶	動	園	ゼ	ク	釣	ャ	ダ	ゼ	ョ
ー	テ	ハ	創	陶	み	喜	読	動	鉛	ャ	ー	ダ	ン	ー
ゼ	ク	喜	造	品	ジ	ジ	釣	陶	ズ	筆	ペ	ク	傑	ク
ル	ペ	性	絵	リ	ク	写	ン	レ	狩	彫	刻	ン	作	興
ゲ	ス	絵	画	映	ゼ	パ	影	ゼ	味	エ	ム	グ	書	撮
ポ	ー	ト	レ	ー	ト	喜	猟	画	陶	ゲ	写	読	法	ル
編	パ	イ	ン	ズ	プ	ゲ	グ	ゼ	活	画	動	ク	ム	イ
写	ン	編	猟	プ	粘	土	釣	動	シ	写	ム	園	園	キ
アー	ティ	ス	ト	ワ	味	ハ	び	真	絵	ゼ	ダ	グ	ラ	
物	ラ	ス	テ	ン	シ	ル	ッ	読	読	ク	法	絵	グ	エ
ー	物	ニ	ル	喜	狩	キ	ク	ク	キ	び	グ	影	ム	ズ
釣	ャ	ワ	真	猟	ャ	パ	ル	エ	ス	ム	写	び	動	喜

建築	チョーク
粘土	鉛筆
アーティスト	ペン
傑作	絵画
イーゼル	パースペクティブ
ワックス	ポートレート
構成	彫刻
創造性	ステンシル
映画	ワニス
写真	

絵	影	芸	物	狩	ー	イ	昼	み	味	撮	魔	活	読	物
ハ	プ	リ	ャ	ル	シ	法	真	編	ク	ゼ	ハ	読	真	ジ
日	カ	レ	ン	ダ	ー	芸	狩	り	画	魔	ゲ	品	エ	ク
今	撮	陶	ム	撮	釣	園	品	写	イ	品	ゲ	十	年	イ
イ	狩	法	動	ム	リ	グ	週	品	レ	動	狩	一	写	リ
ム	ゲ	ー	ゲ	釣	シ	ダ	リ	ゲ	ゲ	撮	読	瞬	書	狩
陶	影	朝	り	ク	時	間	写	ハ	品	真	ゼ	絵	法	グ
ハ	リ	ゼ	ハ	真	画	法	び	リ	ャ	ル	ハ	芸	年	ク
ン	興	プ	陶	読	後	芸	猟	昨	日	味	プ	狩	月	釣
世	ャ	撮	り	撮	魔	ゲ	画	絵	動	未	ズ	釣	ラ	書
ジ	紀	キ	シ	ン	味	ャ	書	読	パ	来	夜	通	撮	り
写	魔	ル	影	味	び	時	読	パ	物	プ	絵	年	分	リ
ム	ャ	前	ゲ	影	エ	真	計	陶	プ	び	編	品	み	ズ
リ	ム	活	キ	編	ハ	シ	活	ゼ	動	ゼ	猟	リ	芸	シ
ク	猟	ハ	喜	ラ	プ	ル	動	品	り	真	エ	写	魔	興

通年	一瞬
カレンダー	今日
十年	時間
未来	時計
昨日	世紀

12 - Astronomia

```
狩 ズ ム 読 グ 撮 猟 リ 天 ラ キ 星 品 プ イ
り び ゲ 猟 び 動 者 学 文 天 ラ 座 惑 り 興
物 ハ 真 絵 撮 喜 魔 品 台 ゼ 超 新 星 小 月
興 動 興 読 活 真 ハ び ズ 書 興 ル 品 レ
ル 宇 宙 画 ズ 絵 品 法 ラ 動 ラ り ラ エ キ
ジ 活 絵 銀 り 影 キ 写 ン ラ ハ び ジ ゼ
写 ダ ン 園 河 活 写 ダ 望 遠 び キ ラ ラ
ム 魔 ャ 狩 ラ 真 星 影 シ 味 鏡 流 星 喜 エ
魔 真 び 興 興 リ 雲 ロ ケ ッ ト り キ ャ 芸
リ 法 ズ 法 ラ レ 重 力 撮 キ び ク 真 ー 影
画 ン 動 味 狩 地 ン パ 品 狩 書 影 り 読
真 法 ル 影 書 球 読 ズ イ ク ダ 喜 活 陶 活
品 写 パ 猟 放 射 線 り ラ 惑 星 プ ハ 春 猟
イ ズ 空 ゾ ディ ア ッ ク ラ グ ー 真 分 ダ
リ 読 絵 写 動 ハ リ 品 パ 宇 宙 飛 行 士 猟
```

小惑星	天文台
宇宙飛行士	惑星
天文学者	放射線
星座	ロケット
春分	超新星
銀河	望遠鏡
重力	地球
流星	宇宙
星雲	ゾディアック

13 - Algebra

リマびクプ芸びズ釣ーパ喜レ書品
エシトク味喜読ャ読無影編みャ偽
ー興ハリ陶釣グラフ法限指数ズゼ
猟写シハッ興キパプびハパ変書真
線形式り動クャ因ズ喜陶ルー動動
狩物ャ猟園読ス子品物陶真書真興
活レ活真解決ャク番ャ園写法ムキ
狩ゲり興編ゼ単問号絵狩絵喜パイ
ジ猟ダ魔ズ写純題品び物物キ括弧
釣影ハ図び園化ク分数絵撮リ写イ
リ物書ャ魔撮グりパシ撮ジ和プジ
ゼロ撮狩み活狩物興読釣活写プ減
エ釣方程式興ゼキ書写品み絵真算
影ン猟物釣真パみエりダ法編プ撮
興芸ラ動り読ム味物クパパ品パ書

方程式	番号
指数	括弧
因子	問題
分数	単純化
グラフ	解決
無限	減算
線形	変数
マトリックス	ゼロ

14 - Mitologia

```
ラ ム 編 ゲ 芸 モ 釣 嫉 興 行 喜 真 ラ ル ハ
品 ー 編 園 シ ー ム 妬 興 動 稲 妻 ビ び 魔
神 々 絵 災 害 タ 写 品 復 ズ 文 化 リ 陶 法
猟 ク グ 味 影 法 パ ハ 味 び 魔 読 の パ
ゼ 猟 ル シ 影 イ モ ン ス タ ー ロ ー 写 パ
撮 喜 パ 影 味 ク ン 作 品 影 書 写 ヒ 影
味 ハ エ 伝 活 動 成 画 猟 ゲ 雷 ハ 法
編 影 シ 説 撮 ル ダ 興 ャ 活 キ 撮 絵
び 画 活 撮 釣 撮 り プ 狩 く り 死 真 味
物 原 強 ゲ 魔 品 芸 プ 味 動 不 生 猟 味
芸 型 ャ さ キ 活 ャ 狩 り ー ャ 死 ム パ
イ ン 味 戦 編 書 写 興 品 り キ 生 イ
ゼ 絵 ラ 士 イ グ 動 狩 画 動 び 法 き 釣 物
パ 活 ゼ グ 園 影 ル プ 撮 絵 レ 編 ゼ 活
ハ 狩 芸 興 写 シ 法 ー 陶 ン キ ゼ 活 び
```

原型
行動
生き物
作成
文化
災害
神々
ヒーロー
強さ
稲妻

嫉妬
戦士
不死
ラビリンス
伝説
魔法の
モータル
モンスター
復讐

15 - Piante

リ興ーレフリルク蔦法物読プ狩喜
活ャ画味ロ動ム撮木画キパみび絵
生植物学ーリベ画ゲ園興動ルキ喜
イキラ喜ラ森イン法ダ陶魔味狩写
ゲム影動喜ク活ルル法喜影法エ絵
釣ンズグ葉草ハ活レ動真写魔グン
猟書ダ動園ラ園ラ魔狩苔シ読動書
物ハエ活喜書ゼライキ影グキ画サ真
ゲ動ーエ真豆書イク狩撮園画ボび
写絵法ジムムプ動魔竹物画ズテム
プ花ブッシュ編肥ズ狩喜ーグン法
育っ弁法レプャエ料庭陶味レクイ
法ンプり釣イエ読画レ写写猟法ー
根ムび書陶ゼク動狩芸ャ狩編み品
ダ魔狩絵芸キ撮グびシ狩釣読絵画

ベリー　　　　　　　　　肥料
植物学　　　　　　　　　フローラ
サボテン　　　　　　　　花弁
ブッシュ　　　　　　　　植生
育つ

16 - Spezie

真	真	芸	品	猟	ゲ	タ	芸	法	キ	狩	プ	興	ゼ	ダ
プ	魔	ル	陶	興	画	ー	ダ	ン	ア	リ	コ	影	イ	園
ズ	甘	い	苦	写	イ	メ	芸	ラ	陶	味	パ	味	プ	バ
甘	グ	ク	味	ル	ク	リ	ゲ	フ	書	陶	活	ル	活	ニ
真	草	画	動	ネ	ク	ッ	写	サ	釣	影	法	び	動	ラ
魔	ゼ	ゲ	り	ン	ミ	ク	ム	り	興	動	エ	活	陶	ダ
ラ	ゼ	シ	活	ェ	写	陶	り	ク	活	パ	撮	写	写	画
ニ	ン	ニ	ク	フ	玉	ア	真	写	読	園	ズ	活	コ	猟
味	グ	絵	ダ	魔	狩	葱	ニ	写	パ	ズ	読	ナ	シ	ナ
カ	レ	ー	味	撮	動	撮	ン	物	ス	パ	ナ	コ	ョ	ツ
リ	魔	シ	撮	動	陶	写	物	ジ	ン	モ	興	シ	ウ	メ
プ	撮	ョ	ム	ズ	動	エ	物	モ	ダ	ム	ョ	リ	グ	喜
パ	塩	ウ	味	法	り	品	興	味	ク	ル	品	ラ	ラ	編
ゼ	ゼ	ガ	ゲ	撮	味	狩	法	ク	ル	カ	ン	ジ	ラ	プ
画	影	み	ダ	レ	り	釣	み	影	ム	ャ	プ	キ	ゲ	プ

ニンニク　　　　　　甘い
苦い　　　　　　　　フェンネル
アニス　　　　　　　甘草
シナモン　　　　　　ナツメグ
カルダモン　　　　　パプリカ
玉葱　　　　　　　　コショウ
コリアンダー　　　　バニラ
クミン　　　　　　　サフラン
ターメリック　　　　ショウガ
カレー

17 - Numeri

絵書イゼ絵狩ムキ絵小編五書キム
狩ゼ釣動喜シ味陶数九十二リレク
ハン興レ撮り読活味ラル物ャ芸ク
十六十リジり編ラ真ラ写芸シゲ釣
ハダ六読エ真パクパジレク影り園
セ魔二読物ハレイ品十三読五び十
ゲブ四書ズゲクル狩園一ムイ動二
画陶ンブセ十四一シキジグみハラ
ズゼ芸テハ一パハりレび陶園ハレ
釣読編活ィラ芸品魔イ読ムラ影シ
エゼみパリーイムャズエ法キキハ
ン影ロみ釣法ン釣みャー編ジりハ
品ーイプ喜園ャ芸陶動ク品動ゼダ
ダ動ムム書ンプズ読ジ写絵ダエパ
活シ法ラダ活法撮園グゼ読ラ真物

18 - Cioccolato

ン	ゲ	画	プ	物	コ	び	り	グ	み	職	釣	狩	エ	リ
動	パ	喜	物	喜	ダ	コ	味	イ	芸	人	画	プ	キ	み
猟	真	イ	狩	リ	芸	喜	ナ	編	リ	み	写	品	ゾ	び
ピ	ー	ナ	ッ	ツ	狩	法	レ	ッ	陶	シ	エ	釣	チ	グ
シ	リ	ャ	ダ	イ	物	動	イ	魔	ツ	ジ	興	イ	ッ	ハ
レ	ロ	ダ	陶	絵	い	甘	お	気	に	入	り	ズ	ク	園
ル	カ	ー	園	味	し	書	粉	カ	活	興	陶	ジ	撮	ー
物	リ	り	渇	望	味	リ	編	パ	カ	り	ハ	味	ゼ	ル
読	真	芸	リ	狩	美	苦	香	プ	ゲ	オ	ク	絵	喜	び
品	グ	カ	書	喜	喜	い	り	ム	キ	撮	り	ラ	品	質
り	ン	ラ	キ	画	品	味	ル	園	ズ	グ	ム	園	活	狩
絵	ム	メ	ゼ	物	園	パ	法	ャ	物	影	真	動	活	撮
キ	リ	ル	ー	影	写	書	レ	法	ン	シ	グ	ジ	狩	レ
酸	化	防	止	剤	成	分	砂	糖	パ	編	狩	び	グ	興
プ	狩	ム	興	ム	興	ゲ	シ	編	り	ラ	エ	味	陶	ー

苦い	美味しい
酸化防止剤	甘い
ピーナッツ	エキゾチック
香り	成分
職人	ココナッツ
渇望	お気に入り
カカオ	品質
カロリー	レシピ
カラメル	砂糖

19 - Immigrazione

工	真	書	解	資	金	調	達	書	文	書	ゼ	ハ	ハ	ゲ
猟	ハ	陶	決	リ	ク	影	供	真	写	狩	び	ー	ウ	ン
グ	み	ム	ン	編	り	園	子	ャ	動	喜	ズ	ゼ	ジ	ジ
ズ	絵	締	め	切	り	ス	ト	レ	ス	撮	物	品	ン	活
興	ハ	イ	管	言	語	び	ダ	味	ゼ	プ	通	グ	猟
編	プ	絵	陶	理	陶	シ	編	び	法	ハ	魔	ジ	信	ゲ
り	絵	み	芸	ー	プ	プ	ク	陶	シ	び	ズ	画	ズ	真
陶	陶	活	り	グ	役	処	ジ	味	画	品	ル	猟	魔	芸
ラ	書	喜	保	護	員	園	理	読	ャ	プ	芸	法	律	交
画	喜	工	読	活	興	ハ	承	す	ル	ズ	釣	猟	園	渉
援	喜	絵	味	ハ	ー	ー	認	真	る	び	ク	ム	り	ル
助	味	ク	動	ダ	狩	イ	ク	状	ジ	真	レ	猟	ム	パ
イ	グ	プ	ン	パ	ー	レ	活	況	シ	ム	釣	ハ	ハ	キ
み	大	人	ム	ゲ	エ	ゲ	興	り	園	キ	狩	エ	イ	狩
ゲ	ズ	絵	ダ	ダ	芸	物	書	ン	ジ	写	陶	活	写	ル

大人
援助
ハウジング
管理
承認
子供達
通信
文書
資金調達
法律

言語
処理する
保護
締め切り
状況
解決
ストレス
交渉
役員

20 - Guida

み	動	猟	り	釣	ム	キ	真	警	ン	味	安	陶	法	釣
喜	猟	写	撮	喜	陶	写	車	察	法	イ	全	動	イ	陶
み	ク	レ	芸	陶	喜	ラ	ー	ズ	び	真	性	味	ハ	動
法	グ	グ	喜	狩	ジ	り	書	法	釣	編	燃	料	イ	絵
危	険	ャ	ゲ	リ	喜	陶	ゼ	動	工	撮	興	ハ	バ	物
ラ	真	品	ゲ	イ	ク	真	ダ	ー	撮	興	狩	ハ	ト	ス
法	ジ	パ	パ	魔	ゲ	り	ブ	魔	興	写	法	ハ	ー	ン
ャ	画	撮	興	シ	り	シ	喜	レ	画	パ	写	イ	オ	セ
ゼ	味	絵	物	ゲ	地	図	ゲ	ゲ	ー	ガ	パ	興	ハ	イ
味	ハ	ガ	品	ー	プ	速	度	ン	品	キ	レ	ラ	興	ラ
事	故	ス	動	物	書	ム	ト	ン	ネ	ル	り	ー	ク	道
真	注	意	プ	猟	グ	絵	写	び	読	歩	イ	タ	ジ	パ
陶	法	真	り	芸	園	び	リ	絵	品	行	ム	ー	り	読
工	芸	レ	撮	ム	画	ル	ン	陶	園	者	ジ	モ	ジ	ダ
ズ	レ	パ	写	写	味	喜	編	ゼ	狩	猟	法	交	通	ゲ

注意	オートバイ
バス	モーター
燃料	歩行者
ブレーキ	危険
ガレージ	警察
ガス	安全性
事故	交通
ライセンス	トンネル
地図	速度

21 - I Media

喜 ム ー 真 味 読 真 ン 絵 意 絵 ャ 教 イ ジ
活 読 画 物 絵 ン ダ ダ キ 園 見 写 育 イ イ
ン 猟 編 プ リ 園 書 ハ 活 撮 品 編 ャ ラ ラ
イ 編 ハ イ 魔 ダ パ 写 真 グ 撮 ダ リ ム ー
ラ ジ オ 影 ダ ル 真 通 信 網 公 法 ゲ ゲ ン
ン 狩 品 ク 真 り 撮 編 ダ 活 芸 共 興 キ ジ
オ 陶 画 び 魔 撮 興 レ 芸 真 り エ 物 ゲ 動
物 写 み 釣 商 影 物 ダ ク 編 ゲ テ 狩 物 写
ー 猟 ゲ 界 業 個 動 広 真 ャ レ ビ ゲ 実 撮
魔 み キ ン 芸 デ 真 告 写 狩 ビ 事 実 園 芸
グ 資 品 ダ 撮 真 ジ リ 書 喜 ム 園 芸 版 興
リ 金 イ 画 陶 園 シ リ パ 魔 魔 リ 芸 新 聞
エ 調 み ャ 知 的 釣 味 ー ゼ 画 編 味 陶 活 通
物 達 画 エ び プ 猟 び 画 絵 キ 書 ク 釣 絵 信
エ 画 エ

商業
通信
デジタル
教育
事実
資金調達
写真
新聞
個人
業界

知的
ローカル
オンライン
意見
広告
公共
ラジオ
通信網
テレビ

22 - Forza e Gravità

キ	磁	ー	み	陶	ン	画	り	園	ジ	ン	ハ	ム	動	物
芸	気	ラ	ゲ	距	味	品	ズ	ゼ	真	惑	星	物	理
動	キ	編	猟	真	ゲ	離	み	喜	撮	動	り	エ	動	学
り	絵	ハ	釣	真	シ	エ	シ	シ	興	品	圧	グ	パ	カ
発	絵	ル	ジ	狩	セ	プ	ロ	パ	力	真	グ	ー	ゲ
見	喜	編	ャ	物	シ	ン	レ	ティ	キ	り	ー	び	撮
ゼ	書	写	絵	ン	リョ	タ	道	ズ	影	み	グ	喜	物
ー	品	読	絵	画	エ	シ	ゲ	ー	り	動	ズ	グ	レ
ズ	キ	イ	エ	陶	ー	リ	摩	速	レ	芸	狩	グ	書
ラ	品	編	編	読	ニ	モ	味	擦	度	影	拡	狩	写	編
シ	動	画	ハ	時	ム	バ	プ	ム	キ	真	張	芸	絵	リ
ャ	グ	ル	イ	間	レ	イ	ー	重	さ	ハ	シ	動	的	イ
読	リ	ゼ	写	味	絵	喜	ハ	軸	編	ャ	び	ャ
魔	活	撮	影	影	び	ダ	ン	真	ル	プ	シ	動	プ	グ
法	興	書	ー	動	興	ン	影	響	ー	ン	写	写	ル	猟

摩擦	軌道
センター	重さ
動的	惑星
距離	圧力
拡張	プロパティ
物理学	発見
影響	時間
磁気	ユニバーサル
力学	速度
モーション	

23 - Uccelli

```
サ み 写 写 ゲ ペ 猟 物 ゲ み び エ 味 び 法
ギ ズ ゲ エ 法 み ン カ リ ペ 影 ジ プ ハ ク
写 パ 猟 品 写 ラ 鷲 ギ 鳩 イ 書 シ パ 品 読
ム 撮 レ 品 ン 物 園 プ ダ チ ョ ウ り み
品 興 ダ 魔 喜 コ 活 ル 物 ム 芸 真 活 興 キ
活 ム ジ レ 園 ウ 釣 グ ク ア 狩 ラ ラ イ ゼ
メ モ カ ム 絵 ノ キ 真 釣 ヒ 画 芸 魔 ク 真
ズ ャ エ ッ イ ト キ 画 興 ル ズ 撮 フ 法 グ
ス プ エ 撮 コ リ ラ び 撮 動 り シ ラ キ キ
画 ム ク ガ 編 ウ 白 鳥 鷹 書 ゲ 法 ミ ル レ
チ キ ン チ ル ズ 動 ム み イ シ ク ン シ キ
味 ジ ダ ョ ゲ 写 ラ エ リ ン 書 ハ ゴ み 法
ル ハ リ ウ 真 ハ び 狩 編 喜 エ ダ オ ウ ム
ル レ ル グ 芸 園 イ ハ 影 喜 写 撮 狩 オ キ
孔 雀 ム 絵 卵 動 ム ク ダ 真 ー ハ ゼ 猟 プ
```

サギ	オウム
アヒル	スズメ
コウノトリ	孔雀
白鳥	ペリカン
カッコウ	ペンギン
フラミンゴ	チキン
カモメ	ダチョウ
ガチョウ	オオハシ

24 - Giorni e Mesi

```
エ ゼ イ 動 活 書 魔 二 陶 ゲ み パ 魔 り パ
画 ル ャ 真 真 火 園 月 木 曜 日 曜 土 リ
ゼ 狩 影 み レ 曜 ゼ 一 七 イ 味 味 活 編
シ 釣 エ 絵 み 日 週 金 画 法 エ プ エ ゲ み
シ 絵 味 興 釣 リ 編 曜 カ 法 読 芸 品 み み
法 興 狩 り 年 ダ 芸 日 レ キ び プ ャ 法 ラ
味 日 曜 月 五 品 み 動 ャ ダ 読 プ ン ー
読 ン 曜 味 芸 水 動 ク 法 ダ 園 び ャ ラ
活 ャ グ 日 真 曜 ラ ラ ー ー 釣 狩 物 イ ラ
影 撮 ゼ 月 パ 日 レ 画 ー バ 園 狩 プ レ ー
狩 ャ プ 行 進 ル イ 狩 興 ン ゼ 猟 ル エ 猟
喜 ー グ ル 興 ズ プ ー 画 テ 物 園 り ゼ び
六 月 び リ 撮 写 ダ ル リ プ イ エ 書 興 リ
り 読 パ 興 ル 活 ャ イ 興 セ 読 物 編 キ シ
狩 猟 書 レ 活 グ 法 ル 画 パ ル ジ 魔 み シ
```

八月	五月
エイプリル	火曜日
カレンダー	行進
日曜日	水曜日
二月	十一月
木曜日	土曜日
六月	セプテンバー
七月	金曜日
月曜日	

25 - Casa

```
根 屋 図 ン ゲ 品 喜 リ ジ ハ レ 陶 ン 品 ゲ
物 根 書 動 床 ガ ゲ 画 ラ ゲ 喜 ジ ラ キ 狩
ム 裏 館 ゲ 写 レ 園 エ 読 活 猟 ダ 芸 ラ 編
レ ゲ 園 読 法 ー 動 レ ハ 暖 ダ 喜 パ 画 リ
パ 絵 ハ ー ラ ジ 魔 び 動 炉 ル ズ 猟 ダ 庭
シ ダ 画 プ 魔 び 芸 ジ 味 撮 園 物 狩 芸 レ
ラ ム 絵 ダ フ 物 味 動 猟 ム シ 魔 プ 猟 編
ド グ ほ 陶 味 ェ 写 興 リ 絵 ハ パ 読 釣 ジ
ア 部 う ゼ 絵 壁 ン ャ イ 鏡 ン 釣 書 喜 味
キ 屋 き 狩 ム 絵 釣 ス ラ 品 喜 ズ 興 味 ズ
ー 法 興 活 動 書 法 影 影 撮 興 ハ 魔 レ 写
シ ャ ワ ー ラ 動 釣 キ ラ 喜 ダ 蛇 画 猟 喜
陶 キ 天 ダ ラ ン プ ッ ク 猟 魔 ク ロ 狩 喜
ン 法 井 動 ジ ハ キ チ 園 品 芸 窓 活 り 読
ク 動 画 プ グ 撮 物 ン 味 写 り 絵 エ 喜 読
```

屋根裏
図書館
部屋
暖炉
キッチン
シャワー
ガレージ
ランプ

ドア
フェンス
蛇口
ほうき
天井
ラグ
屋根

26 - Fantascienza

```
シ 画 技 術 ズ キ ズ 書 ク び ゲ 神 ク ズ 法
ム 物 園 画 ャ 写 興 芸 味 り 興 品 秘 エ ム
イ オ み 法 物 影 ズ ジ グ ャ パ ラ 的 来 芸
虚 リ 釣 書 書 釣 み 品 書 読 レ ゲ 来 未 な
数 ナ ュ 法 籍 デ 惑 星 爆 発 撮 喜 未 物 パ
み シ 活 一 リ ダ ィ 法 ル 興 園 ー 物 喜 陶
現 実 的 グ ジ 園 釣 ス シ 撮 マ 撮 喜 ク 書
イ レ ル ャ 影 ョ 釣 ト 釣 シ ー イ パ ム ラ
キ 喜 真 ャ 読 ン ッ 釣 素 活 み ラ ム ダ 法
エ ゼ キ 絵 ア 編 物 ボ ダ ア 晴 ー イ 法 喜
グ 絵 ラ エ ト リ 園 ジ ロ 写 芸 ら 画 編 ハ
ャ 興 法 ダ ミ ュ ー ト ピ ア ル し 興 絵 狩
銀 河 法 キ ッ リ 読 影 シ 魔 影 い 読 ン
ル 火 ル 写 ク 編 ャ 世 プ 写 喜 画 ン 写
オ ラ ク ル 魔 影 喜 界 ク エ 読 ン 写 み 狩
```

アトミック	神秘的な
シネマ	世界
ディストピア	オラクル
爆発	惑星
素晴らしい	現実的
未来的	ロボット
銀河	シナリオ
イリュージョン	技術
虚数	ユートピア
書籍	

27 - Città

シ	影	画	パ	リ	芸	ダ	グ	イ	影	ズ	猟	り	園	ベ
シ	ム	動	ン	味	猟	パ	キ	ム	ジ	み	猟	品	り	ー
イ	画	ム	真	魔	ゲ	狩	ゼ	レ	銀	ル	博	画	ダ	カ
プ	狩	狩	ン	シ	み	園	ン	り	釣	行	一	物	興	リ
花	屋	陶	シ	ハ	薬	エ	イ	ギ	ャ	り	興	ラ	館	ー
ス	タ	ジ	ア	ム	局	店	大	学	ャ	書	ズ	撮	書	ハ
プ	パ	ク	ラ	シ	影	書	芸	ハ	り	ラ	ム	園	図	魔
グ	園	ゼ	ャ	ン	ゼ	陶	ム	読	ジ	園	リ	リ	グ	レ
味	レ	空	ダ	グ	ト	ッ	ケ	ー	マ	ー	パ	ー	ス	ホ
品	ジ	港	写	写	プ	写	シ	ネ	マ	ハ	劇	芸	ャ	テ
味	エ	ャ	ズ	読	活	物	芸	写	動	り	場	市	ハ	ル
ル	リ	写	学	校	ハ	編	味	狩	物	キ	画	絵	釣	レ
品	動	芸	喜	書	物	グ	釣	絵	園	ラ	リ	法	診	エ
び	影	味	書	画	イ	喜	釣	び	ハ	釣	読	ゲ	療	エ
魔	グ	ム	猟	ハ	ダ	ジ	読	パ	真	ダ	絵	ジ	所	猟

空港
銀行
図書館
シネマ
診療所
薬局
花屋
ギャラリー
ホテル
書店

市場
博物館
ベーカリー
学校
スタジアム
スーパーマーケット
劇場
大学
動物園

ふ ャ ャ 味 レ ド ル 狩 狩 び 豚 法 り 画 り
く ャ 動 イ ハ ル 真 編 真 真 読 イ び 猟 ム
ら 品 ジ ン ル ー ラ 書 ズ 農 撮 動 法 読 ゼ
は 群 物 動 イ ィ 物 シ ー 業 釣 動 釣 動 ラ
ぎ れ 写 エ ャ フ ム ー 魔 米 法 釣 動 ダ ダ
画 ズ ー ラ 写 り ェ 喜 狩 ゼ 喜 ハ 工 興 ル
ヘ ゲ エ 絵 ン エ 品 ン 一 法 ハ 画 肥 ダ 料
イ 魔 物 編 犬 興 ハ ム ス ラ ー ム レ レ 魔
り 法 ゲ 蜂 興 ジ レ リ 影 読 読 活 芸 ダ 書
物 ン 猫 蜜 ズ イ 読 園 品 ラ グ パ 絵 ダ ズ
チ 水 パ ジ イ 猟 牛 パ 撮 子 ク ム 猟 ズ 釣
写 キ 真 真 画 興 書 ク 撮 ヤ 物 ム ル ム 味
ン 狩 ン ゼ 園 グ 動 び 絵 ギ グ 画 撮 興 ム
ゲ ャ 喜 釣 品 グ ン グ 陶 芸 法 馬 味 園 ー
ズ リ 絵 物 ラ 影 芸 ム 園 ロ バ プ 園 写 ー

農業	群れ
ロバ	蜂蜜
フィールド	チキン
ヤギ	フェンス
肥料	種子
ヘイ	ふくらはぎ

29 - Psicologia

思	陶	影	釣	プ	撮	物	経	験	り	ム	グ	ゲ	現	法
考	シ	グ	書	ー	書	プ	子	園	知	グ	釣	動	実	レ
写	ャ	ル	自	我	ャ	対	立	供	覚	猟	写	魔	価	釣
影	読	ズ	レ	喜	グ	味	魔	喜	の	感	画	評	ゼ	プ
響	ム	レ	喜	絵	ー	ダ	法	興	ル	ジ	法	認	キ	知
魔	み	キ	思	品	シ	ア	絵	シ	パ	レ	動	行	動	イ
撮	ハ	画	い	パ	ン	イ	興	ジ	ャ	治	療	陶	ー	興
興	ム	興	出	ン	ハ	感	ゼ	デ	プ	狩	喜	ー	写	写
り	喜	ラ	み	品	リ	情	ハ	夢	ア	イ	レ	キ	書	プ
り	ズ	ハ	ゼ	味	プ	ダ	ゼ	グ	動	り	キ	床	ズ	芸
芸	グ	シ	レ	味	ダ	狩	ジ	真	り	臨	興	陶	ク	画
問	ン	興	陶	ジ	魔	活	キ	法	イ	床	撮	ズ	読	キ
題	エ	釣	ム	園	写	味	ジ	グ	ダ	興	陶	レ	ハ	編
無	意	識	ハ	喜	興	グ	グ	ズ	ダ	ダ	読	読	パ	編
法	キ	猟	ズ	撮	猟	撮	ー	猟	エ	グ	ム	パ	ハ	編

臨床
認知
行動
対立
自我
感情
経験
アイデア
無意識
子供の頃

影響
思考
知覚
問題
現実
思い出
感覚
治療
評価

30 - Paesaggi

書釣ゼイ釣湖ハイダン真猟真みり
パびズ魔猟山丘物ム芸シキ撮法猟
芸エりシ絵火キキ洞品ャみズル絵
プ影ー影ャ動リ陶窟グンーリャシ
喜谷撮キラ絵魔リグ動喜味び絵味
ン氷山撮釣活影喜狩レパ興クオ真
写ーャズ撮レパグ狩動ジエアシ書
真ズ真物釣園ツビ狩動ーャシズジ
間真釣喜品滝リンーレ絵真画りみ
品欠品イ撮ダパドチグ一釣り真喜
ャレ泉川ルグダラ沼画釣編真編一
猟動りキキ味猟ジシゲプ絵陶ー書
ャみ海品氷砂園魔ハゲ猟ダ品島ー
絵ムり洋河漠半法ゲ猟イク真書
喜品芸釣ャジ島ダクリー陶写ジび

砂漠	海洋
間欠泉	半島
氷河	ビーチ
洞窟	ツンドラ
氷山	火山
オアシス	

31 - Energia

```
シ び 水 味 釣 芸 パ 編 ル 動 ゲ 芸 ン デ シ
キ 芸 素 撮 ム 炭 ジ キ ダ キ 絵 シ キ ィ ャ
ー 写 リ 興 園 素 芸 リ シ 喜 園 グ 読 ー ャ
ン ゼ び み エ 熱 ダ 撮 レ 池 電 ル ジ ゼ ハ
ン ジ ー シ ー ン 物 物 狩 品 子 業 パ ル 陶
エ レ 園 法 エ シ ズ 猟 画 書 光 界 ズ り 釣
編 ン ャ ハ 再 生 可 能 環 編 興 動 り 味 気
興 ビ ト ン み 影 び 境 画 書 画 味 画 核 電
狩 ー 読 ロ 風 グ ル ダ エ 動 真 陶 イ 写 ハ
ガ タ リ 味 ピ シ ゲ び エ ラ み ハ 写 ハ キ
ム ソ 動 キ ク ー ル ム み ラ 影 ル ダ ハ エ
グ 品 リ エ ー タ ラ ゼ び 喜 キ 燃 料 芸 影
芸 狩 活 ン 編 ー ク プ 撮 芸 り エ 書 パ エ
品 絵 画 ク 影 モ 法 キ 釣 ズ リ み 汚 ク 絵
シ 陶 み ー 書 り 読 ゼ パ イ ム 活 染 ゼ 絵
```

環境
電池
ガソリン
炭素
燃料
ディーゼル
電気
電子
エントロピー

光子
水素
業界
汚染
モーター
再生可能
タービン
蒸気

32 - Ristorante #2

法書ハグ陶真ルシャダ影ャみ園魚
写スパイスゼハシキズリルパ動真
前菜野影レ味動園キ陶みり真動キ
パラ撮絵クパレ陶編キズ興動撮陶
味ハ編影ンム氷フルーツ編園芸ム
ダ写芸魔編グ絵絵ラレ釣ゲエラ動
シ書ダ真真動活魔書ラ魔飲芸喜ラ
美味しいラ画り椅スレ料レゲ影
陶イ味ゼ喜エび子プ卵スチンエル
エフォークシサキーケータ食物真
ズ猟ゲ法イゲラ品ンタプング活園
興写真水グ釣ダ塩写真イズエ書パ
ハダラみシリ狩キ猟リダェシンシ
ゼリエ活物キエ味魔ゲ興ャウパ書
芸狩園園パ動キプ写読ン釣法品み

前菜	サラダ
飲料	スープ
ウェイター	ランチ
夕食	椅子
スプーン	スパイス
美味しい	ケーキ
フォーク	野菜
フルーツ	

33 - Moda

```
高 価 な ム 芸 写 絵 実 ブ 洗 書 編 ボ 園 ジ
パ ズ シ オ 品 ラ プ 用 ャ テ 練 読 タ キ ゼ
活 読 ハ リ ラ プ 的 シ 狩 さ ン ラ 画 園 イ
喜 興 イ ジ ー 写 パ 法 物 ィ れ り イ 狩 ハ
ャ 動 イ ナ 喜 写 編 品 画 パ た ム 衣 狩 狩
ゼ ゼ ラ ル 興 ダ レ 園 画 プ び 芸 類 絵 ジ
書 興 ン り 猟 シ 画 法 レ 写 狩 書 ー ャ ジ
撮 エ 動 グ 刺 陶 絵 釣 び 園 ー 陶 ジ 定 ゲ
ズ レ 狩 ジ び 園 ダ キ 活 喜 芸 測 び 活 び
ク ガ 真 ー エ レ キ ム 品 魔 影 エ ゼ ム エ
ド ン レ ト 快 適 イ 生 地 ャ 法 ゲ ラ 測 び
び ト ス リ マ ニ ミ ン 魔 ズ 狩 ラ ゼ 活 ゲ
ス タ イ ル パ タ ー ン 魔 写 リ ゼ 芸 活 び
ー テ ク ス チ ャ り ダ ゼ み ー 釣 絵 び エ
レ ク 興 び キ 活 リ モ ダ 釣 リ 狩 芸 キ エ
```

衣類
ブティック
高価な
快適
エレガント
ミニマリスト
測定
パターン
モダン
オリジナル

レース
実用的
ボタン
刺繍
洗練された
スタイル
トレンド
生地
テクスチャ

34 - L'Azienda

```
賃 シ パ ル プ 可 釣 ロ プ 写 リ 園 り 園 ゼ
ゲ 金 パ 芸 編 能 ダ 法 レ り 写 び 読 ゼ 芸
ゼ グ リ ラ 性 ー パ ゼ 芸 影 猟 み 釣 ン ン
ン レ シ 業 界 ダ 活 編 ン シ ジ ル 写 リ パ
リ ソ ー ス ャ 魔 ブ テ イ エ ロ 読 リ ン プ
ズ ラ 投 影 シ 画 ル ズ バ ー ロ グ 読 ル ー 撮
撮 キ 資 猟 ダ シ ズ 釣 シ 読 狩 プ キ キ 味
喜 園 革 新 的 影 み 陶 ョ み ゼ 品 陶 収 ン
写 撮 評 判 キ 書 編 喜 ン 決 定 動 質 益 イ
ダ 真 書 猟 グ 興 影 園 魔 ル 絵 ラ 法 編 動
製 品 キ ム 芸 園 興 陶 影 ト レ ン ド ゲ ム
リ ス ク 魔 法 ー 真 芸 単 位 ー ゲ 興 ズ 活
書 ー 芸 進 キ み 書 ゼ エ 味 絵 ー 品 猟 品
写 活 み ム 捗 イ 物 釣 猟 ハ 物 パ ジ 雇 用
陶 キ ダ 釣 み エ ン 魔 ジ 写 読 ゲ 魔 興 興
```

クリエイティブ	プロ
決定	進捗
グローバル	品質
業界	収益
革新的	評判
投資	リスク
雇用	リソース
可能性	賃金
プレゼンテーション	トレンド
製品	単位

35 - Giardino

```
物 ャ レ パ 物 書 ラ 芝 生 絵 び 画 芸 ダ パ
ゼ ン 法 ポ ム 池 ジ イ 撮 レ 絵 ダ ク 編 ハ
レ 画 魔 興 ー ト ラ ン ポ リ ン 猟 味 興 味
ル リ 魔 撮 編 チ 絵 エ シ り 園 品 ゲ び 庭
編 味 パ ゲ ダ ン 法 撮 レ 読 ズ ジ ゲ エ ゲ
ュ 釣 動 ー テ ベ ダ 法 真 土 熊 手 ゲ 陶 木
シ ャ ベ ル ラ エ 活 魔 ン 影 物 ー 園 ズ 影
ッ 品 レ キ ス ー ホ エ 喜 エ グ ル 真 リ ゼ
ブ ャ 活 イ ー ー 読 品 ク 芸 み レ 興 ハ ー
パ 画 プ 読 品 シ 編 活 パ プ ジ 釣 プ グ 芸
ク 喜 草 ゼ ハ 芸 プ ガ ゼ 品 撮 イ 絵 芸 ハ
ハ 画 雑 シ 魔 ン 花 レ 絵 パ ラ 興 陶 ゼ ン
フ ェ ン ス み 写 猟 ー キ 品 り 撮 ャ 喜 モ
リ パ 品 影 ジ ン シ ジ シ ズ 味 ム 猟 編 ッ
ャ 陶 ー ジ 味 編 ジ り オ ー チ ャ ー ド ク
```

ハンモック	ポーチ
ブッシュ	芝生
雑草	熊手
オーチャード	フェンス
ガレージ	テラス
シャベル	トランポリン
ベンチ	ホース

36 - Riscaldamento Globale

```
キ 発 活 物 イ 園 政 業 界 味 影 ダ 活 未 活
ズ 注 達 園 品 ャ 府 パ ム デ 撮 猟 味 来 画
り 意 興 科 学 者 ル ズ プ ク ー ル シ 書 書
ム ジ び 温 法 真 影 エ 味 び ム タ 園 撮 画
興 プ ル 度 び ル 狩 興 生 ハ ル 撮 編 ラ レ
芸 写 法 エ ネ ル ギ ー 息 リ ハ 法 編 り プ
法 シ 律 物 物 ー キ 品 地 シ 絵 陶 ゲ 物 喜
園 撮 グ エ ゼ 喜 狩 味 味 ル 釣 写 芸 魔 猟
ダ ハ 真 ル 猟 レ 北 影 世 ル り シ み 園 人
釣 エ 今 品 ジ ダ 園 極 代 狩 環 動 釣 キ 口
シ 法 真 ズ ジ 園 釣 ル 品 真 境 ー 釣 グ ャ
イ 猟 プ ダ 編 読 ラ リ 猟 ハ エ ゲ 真 ク 興
気 候 ゲ ム 危 ル 興 エ エ 陶 ジ ガ 影 真 物
活 園 ー ラ 機 み 陶 リ 品 国 際 ガ 釣 ス 物 パ
シ ン ン り 品 ゲ 絵 グ パ 陶 ダ ス 物 パ レ
```

環境	政府
北極	生息地
注意	業界
気候	国際
危機	法律
データ	人口
エネルギー	科学者
未来	発達
ガス	温度
世代	

37 - Frutta

ル	ゲ	編	ブ	リ	園	撮	ア	レ	プ	ャ	シ	リ	読	ズ
読	ー	ジ	ア	ラ	興	釣	ッ	イ	読	園	活	陶	エ	ゼ
び	ン	リ	陶	ボ	ッ	び	プ	物	グ	芸	プ	画	釣	芸
パ	パ	イ	ヤ	物	カ	ク	ル	メ	ロ	ン	編	キ	ウ	イ
パ	イ	ナ	ッ	プ	ル	ド	ベ	品	ゼ	ジ	影	ゼ	芸	パ
パ	り	園	ン	写	ク	動	編	リ	シ	ル	エ	ム	ラ	ア
物	オ	レ	ン	ジ	バ	葡	萄	絵	ー	ゴ	ン	マ	法	プ
ク	釣	画	画	撮	ナ	真	ダ	キ	猟	チ	ェ	リ	ー	リ
リ	撮	ダ	読	喜	ナ	シ	芸	活	芸	ゼ	喜	物	リ	コ
動	ン	ジ	シ	法	ル	び	ン	び	魔	ク	み	ー	ベ	ッ
魔	興	り	梨	興	ン	ン	ン	ゲ	法	ラ	喜	ダ	び	ト
魔	猟	魔	レ	動	ー	桃	喜	物	ル	ズ	ン	リ	エ	ン
猟	ン	ル	梅	モ	ハ	ク	法	り	影	ベ	絵	み	芸	撮
ズ	編	ャ	読	写	ン	リ	タ	ク	ネ	リ	シ	ハ	ゲ	園
イ	動	ハ	品	キ	猟	ズ	ハ	絵	グ	ー	画	ゲ	ダ	動

アプリコット	レモン
パイナップル	マンゴー
オレンジ	アップル
アボカド	メロン
ベリー	ブラックベリー
バナナ	ネクタリン
チェリー	パパイヤ
キウイ	葡萄
ラズベリー	

38 - Fattoria #2

読ミルク羊子ムオ牧草地アラ陶魔
プャ動喜プ飼ズーダコ写ヒ芸パみ
ゲズ撮シ編いチ画喜ール陶活り
ク猟パ撮味み羊ャレル納ンラ画ム
ハガトラクター法園屋ハシ興み
画ルチみキ興園ドク活ラマン興園
画エゼョ魔びンレ園ー画陶灌り
動ルルクウ猟プみ釣魔シ漑小
物猟陶影リ狩影農釣プ興釣麦
べ味ム影パ釣興家猟真フシエ
食ジイ編書ダリャリ興ルキエ写
ジ編ジズダ活び蜂の巣ジムージ物
釣レ写ゼリキ狩イ編撮園動ッグ影
シエ園品レオオムギパり喜プシ読
ャー喜写イレグパび法法シプ陶読

子羊　　　　　　　　灌漑
農家　　　　　　　　ラマ
蜂の巣　　　　　　　ミルク
アヒル　　　　　　　コーン
動物　　　　　　　　ガチョウ
食べ物　　　　　　　オオムギ
納屋　　　　　　　　羊飼い
フルーツ　　　　　　牧草地
オーチャード　　　　トラクター
小麦

39 - Verdure

エ キ ダ ラ ラ レ リ コ ノ キ 読 動 魔 釣 プ
ン 物 パ 書 喜 書 釣 ズ イ ュ ガ 動 魔 ン エ
ド 園 写 芸 読 ズ 撮 ハ プ ほ ウ び ゼ ロ セ
ウ ル キ カ ブ 編 法 影 い ダ う リ ロ 品 パ
ジ 編 み ラ 猟 真 に 園 が 猟 れ シ ハ セ 動
だ い こ ン 絵 キ ん ゃ み ん ブ 興 茄 編
サ ラ ダ 陶 玉 葱 物 じ グ 草 ロ 狩 子 猟
エ 動 釣 ダ 芸 り レ 法 キ ん 真 ッ 園 魔 び
シ 法 パ 味 ン 陶 リ ク 喜 狩 狩 コ 物 り パ
ャ 影 狩 画 猟 リ ラ 園 ゲ エ 物 リ シ ゲ 書
ロ 芸 芸 真 イ ク ー ョ チ テ ー ア 画 ゲ
ッ 興 陶 ハ 真 ク ゲ 活 法 釣 法 ジ ジ 真 味
ト 画 み ク レ び イ 品 猟 釣 釣 影 パ
ト マ ト 影 パ ニ ン ニ ク ャ 活 撮 撮 パ ゲ
か ぼ ち ゃ 園 真 真 陶 リ ゲ ン 絵 レ ラ 味

ニンニク	エンドウ
ブロッコリー	トマト
アーティチョーク	パセリ
にんじん	カブ
キュウリ	だいこん
玉葱	エシャロット
キノコ	セロリ
サラダ	ほうれん草
茄子	ショウガ
じゃがいも	かぼちゃ

40 - Musica

```
詩 オ テ び 物 園 ン レ ン ル 絵 品 キ ラ 味
的 ペ ン リ 喜 真 ン 写 ズ レ 物 画 園 陶 歌
読 ラ ポ 動 イ ラ ャ 猟 メ 猟 編 書 撮 ミ 手
狩 猟 ラ レ 写 エ 歌 う 影 ロ ム パ ル ュ ク
ゲ 動 狩 リ マ イ ク ダ 陶 ム デ ャ ア ー ジ
ジ 影 芸 イ イ 興 ャ エ 芸 喜 絵 ル ダ カ シ
撮 編 書 ジ 味 ゲ 調 喜 編 ゼ 的 カ バ ル ッ
ハ ー モ ニ ッ ク び 和 叙 情 的 園 ー ム イ
ダ ル 魔 パ ル レ 興 撮 リ ン ジ ボ ゼ 喜
陶 り 動 編 ン バ 法 活 魔 物 ジ ー ズ ン 品
陶 ズ 器 録 ス ラ ー コ 狩 読 興 ー ン リ 陶
び 家 楽 音 物 ー 釣 び ジ 魔 画 ハ ル 魔
園 ル 味 猟 ダ ド 釣 釣 イ ー 絵 工 絵 グ 猟
キ 真 撮 キ ズ レ シ 釣 猟 ジ レ 活 シ リ 影
エ ゲ ダ 画 興 魔 書 法 園 ダ ジ ャ イ 影 編
```

アルバム	マイク
調和	ミュージカル
ハーモニック	音楽家
バラード	オペラ
歌手	詩的
歌う	録音
クラシック	リズム
コーラス	楽器
叙情的	テンポ
メロディー	ボーカル

41 - Barbecue

園喜り影ル喜ルコショウウー釣ーラ
狩ー法猟真影イ活ク味ム味法ラエ
招夏ゼ猟ズー読ャズム影魔ラりゼ
待み書リゲ品ャゲク物動ジ猟グ編
絵読法活り法ツールフパグリル写
びイ味ランダ猟読ムレゼ読家パ影興
狩興チンラャレキゲレナ族ク ジラ
ズ園キャサムイク真撮ーイゲン釣
撮興ンイ園真品ハ芸喜写フ興ン
品びャククキズンズ物陶ルフンハ魔
釣陶味音猟ゼ芸真ジ芸画レト動
飢びャ物楽画り釣ダ芸法ト喜グ
餓魔品べ読リり味魔真影マト玉塩ソーダ
ゲ活タ食釣シ喜リ猟ホットねース
書りハ絵グキキ味狩物パグぎス猟

ホット	グリル
夕食	サラダ
食べ物	招待
玉ねぎ	音楽
ナイフ	コショウ
飢餓	チキン
家族	トマト
フルーツ	ランチ
ゲーム	ソース

42 - Fisica

物キク画相キ混周物真原ラ撮ーエ
喜編ダ撮対ン沌波読キ子読猟イク
活動プク性法ゲ数画リ書動園イク
ジびムイ理読ジ編狩ムパ味イプ読
ラン園ゲ論ム重カプレ動ラレャリ
ハグパイ芸品ハプシ陶編密度リ魔
ゼ加速式カ薬ズ読絵品魔物速みみ
狩真パみ写学動編園レ影ーク品
グ魔ララ絵ン化ゲ園影絵物影ー味
ャ園撮ク分編ゲル影活読ユ狩園
ルみ狩撮子釣動法法書真ニみ編
画画ャグエ影園編ン磁ゲバダン
パレ真魔ンキシ写気編ー活ダダス
び興りズレ芸ジ法ダ狩釣サ電ガ粒
拡張核写釣猟撮ンプャルル子粒子

加速	重力
原子	磁気
混沌	力学
化学薬品	分子
密度	エンジン
電子	粒子
拡張	相対性理論
周波数	ユニバーサル
ガス	速度

43 - Agronomia

レ有機魔読ン動ルシステムジレリ
科学水写病キジズレ肥料園エレ真
エネルギー気芸研究レイ書ジ撮ハ
ル狩環ム活土猟写絵種興キ狩動狩
ゲープ境ル物書田舎子読生成ジジ
ムび画シ真読ダ画ジ絵活態芸長画
農工狩グレ猟活ハプ喜陶学ー真グ
業園キ写活真芸び味魔絵喜撮びダ
猟び猟喜活り法工絵魔ゼ生狩読り
興汚染レ画ム味猟味エク産撮法狩
ゼ読物絵パジ喜写品ラゲーーゲ釣
魔ダベ園ンルレズラゲリリり釣釣
ゲ侵食釣ズ写芸写り影味ズ動品真
画勉グエグー動キズりび読読ャ猟
キ強物撮読り編狩読絵興魔品ジ芸

農業   病気
環境   有機
食べ物   生産
成長   研究
生態学   田舎
エネルギー 科学
侵食   種子
肥料   システム
汚染   勉強

44 - Erboristeria

品緑撮読猟成品シ料理ジ活ジラ魔
みラパ興ャ分写質タ撮ン陶品クプ
法ク品セ芸レ園グイ写絵撮撮リロ
ー味品物リ真ダ狩ムク絵ダズ書ー
ンみ品絵ム品園魔画ーみ喜写ズ
ゲ絵シ影書釣読喜動陶ダレ編品マ
園書マ影活書びグりキンラフサリ
キパージ園り物ムニりべ絵クイー
ズイジ物ダダレガンゴラタズプャ
イクョ芸オレガみ二庭陶ゼディル
釣魔ラ魔影撮みハクミントグジハ
芸編ムクゲイ真猟魔ンーク花ーみ
喜ジシハ品ゼ法ル猟グゲ釣真画読
ダ読狩芸ラフェンネルジバびキ喜
レ編画ムラムキび動ランパ芳香族

ニンニク	マージョラム
ディル	ミント
芳香族	オレガノ
バジル	パセリ
料理	品質
タラゴン	ローズマリー
フェンネル	タイム
成分	サフラン
ラベンダー	

45 - Biologia

```
爬 虫 類 狩 法 園 ハ 読 エ ゲ イ 釣 魔 リ 園
品 動 写 写 ャ 魔 園 り エ 絵 ル 園 ャ ハ ル
活 キ 活 味 品 シ キ 魔 撮 り パ ム 動 ダ ラ
り ム ゲ 動 喜 み 物 魔 興 イ ャ 活 キ 喜 影
活 一 興 ゲ り ム 哺 乳 類 シ 釣 プ 真 芸 陶
ハ ラ イ シ グ ー ン ダ ム ナ 編 キ キ 魔 ゲ
神 猟 狩 編 ン 陶 ダ 活 ズ プ ン ク 釣 味
ル 経 写 リ レ 活 シ ジ ル ス ロ ゲ 法 タ 陶
ジ ダ グ 芸 真 書 パ イ グ ラ ー ー 釣 ン ル
進 化 ホ 突 然 変 異 染 ナ チ ュ ラ ル パ ゼ
ズ リ ル 影 動 光 酵 素 色 ジ ニ コ ラ ク 陶
物 ク モ 陶 撮 合 ハ 菌 法 体 芸 法 ム 質 り
猟 品 ン ゼ エ 成 ズ 細 共 生 シ 釣 リ ハ り
品 イ 真 浸 ゲ ダ 活 胞 真 ン 絵 解 剖 学 グ
品 活 リ 透 編 レ 胚 魔 ャ 味 撮 ン 影 品 ャ
```

解剖学	ナチュラル
細菌	神経
細胞	ニューロン
コラーゲン	ホルモン
染色体	浸透
酵素	タンパク質
進化	爬虫類
光合成	共生
哺乳類	シナプス
突然変異	

46 - Attività Commerciale

```
雇 画 喜 ャ キ み プ ダ 書 所 動 シ リ 販 陶
絵 用 ル 読 エ キ 書 ハ リ 得 通 貨 物 売 ズ
物 費 者 物 店 イ 画 リ 経 編 法 猟 園 グ レ
猟 芸 魔 芸 猟 真 真 り 済 キ 影 書 影 ク び
書 工 物 画 釣 編 陶 法 学 ズ シ 編 リ エ 陶
狩 写 グ 経 レ 絵 み ダ 写 グ 商 リ 品 場 活
ジ エ 絵 歴 従 員 魔 味 ャ 会 法 喜 芸 ジ ス
影 ム 投 喜 ン 撮 猟 パ 社 オ プ ダ エ 書
ハ 法 編 資 ン レ 釣 喜 ジ キ プ イ ジ レ 喜
み ン ン ズ 編 陶 影 ジ 品 喜 編 絵 ム エ 画
撮 書 ン ハ ハ 園 ャ 真 活 写 読 撮 味
真 活 物 狩 み 写 書 喜 取 画 物 喜 書 活 書
キ 魔 グ 魔 ハ ゼ 品 ー 引 キ エ プ 影
猟 味 イ 金 リ 品 ル 品 パ キ 割 編 一 み
利 益 魔 融 ン 影 活 写 パ 猟 一 み
```

予算
経歴
費用
雇用者
従業員
経済学
工場
金融
投資
商品

利益
所得
割引
会社
お金
取引
オフィス
通貨
販売

47 - Fiori

プルメリアジ味レマ蘭グ釣撮法ゼ
釣法魔品ャゲ狩活グポン釣芸ウパム
芸画喜影ズンりイノ読ピハりソイデ
絵花束魔園ハ品ンリリャージイデャ
牡グ書タンポジア花弁バキケト猟
ラ丹読釣活りジャみムーャト狩ダ
リ真ひパハスカスビイハロエ狩キびり
プ読ま一釣み狩ミシナチクラキパり
ゼムわャプレグンジ魔真パ百パ撮
プ猟りゲッ影ゼジ芸狩画園合写釣
法動喜芸リ真絵ムパャグ魔ンエゼ
ラベンダーライラック興品りゼゼ
狩ム陶ンュ絵物物釣リり味園狩り
魔狩み猟チ猟ゼ芸ジゼシルパシジ
写プク陶画園グ園味ラ陶ジエ園イ

タンポポ	デイジー
クチナシ	花束
ジャスミン	ポピー
百合	トケイソウ
ひまわり	牡丹
ハイビスカス	花弁
ラベンダー	プルメリア
ライラック	クローバー
マグノリア	チューリップ

48 - Ecologia

地	ズ	エ	リ	法	プ	ジ	み	影	編	レ	法	マ	ーン
息	パ	真	ー	レ	フ	撮	キ	び	イ	種	猟	ー	猟書
生	ハ	影	レ	イ	ロ	活	イ	イ	パ	釣	ル	シ	ダ狩
植	存	ハ	撮	動	ー	ル	ゲ	ャ	ィ	テ	ニ	ュ	ミコ
写	物	り	ン	ラ	ラ	画	ハ	活	ャ	プ	ン	喜	ク園
多	様	性	真	活	シ	ー	動	陶	影	持	山	ン	芸び
ャ	シ	ジ	釣	リ	ズ	真	品	自	然	続	味	ー	影読
ジ	り	パ	読	活	ゼ	ム	ゲ	真	味	可	書	ズ	真園
味	画	ズ	エ	ゲ	魔	ハ	味	動	真	能	ャ	プ	ャダ
園	書	ボ	ラ	ン	ティ	ア	釣	魔	魔	パ	イ	マ	ラ
旱	編	陶	ナ	チ	ュ	ラ	ル	プ	影	ス	ー	ソ	リ真
魃	ズ	ャ	物	ー	影	物	物	バ	ム	動	植	物	ンム
ー	動	陶	興	プ	グ	ン	び	書	ー	リ	陶	リ	パダ
釣	シ	読	ク	物	エ	写	ャ	み	読	ロ	物	イ	猟ハ
ゲ	気	候	物	編	ル	ー	動	物	相	物	グ	ラ	ジ興

気候	ナチュラル
コミュニティ	マーシュ
多様性	植物
動物相	リソース
フローラ	旱魃
グローバル	生存
生息地	持続可能
マリン	植生
自然	ボランティア

49 - Discipline Scientifiche

レ	シ	狩	ル	ズ	ム	リ	猟	釣	ゼ	キ	鉱	ジ	キ	絵
芸	レ	興	画	法	キ	免	疫	学	品	ジ	物	考	画	喜
ク	真	猟	ジ	パ	ル	撮	ハ	イ	ダ	物	学	古	び	グ
生	天	編	動	書	物	ン	ク	書	グ	ハ	態	学	理	心
化	ジ	文	写	り	読	画	興	書	ズ	プ	生	物	生	ゼ
学	化	み	学	力	熱	神	経	学	法	読	プ	生	書	ゲ
法	イ	学	物	動	グ	絵	エ	ズ	ン	ー	ラ	法	真	興
味	プ	魔	植	喜	み	レ	陶	撮	り	リ	品	社	興	ジ
カ	レ	ン	物	グ	ジ	法	活	り	猟	物	会	絵	ジ	プ
ダ	学	影	ジ	ラ	み	真	品	シ	活	園	学	影	り	撮
ゲ	ゼ	芸	動	写	シ	ゼ	エ	レ	撮	編	ャ	撮	り	撮
写	グ	法	キ	陶	リ	ム	園	芸	ー	ハ	猟	狩	釣	解
シ	地	ャ	品	味	興	ー	リ	気	ル	ダ	影	ゲ	画	剖
イ	質	言	語	学	法	活	ャ	象	ル	び	イ	ン	興	学
プ	学	園	ゲ	法	エ	ラ	魔	学	ゼ	画	ゲ	喜	み	書

解剖学　　　　　　免疫学
考古学　　　　　　言語学
天文学　　　　　　力学
生化学　　　　　　気象学
生物学　　　　　　鉱物学
植物学　　　　　　神経学
化学　　　　　　　心理学
生態学　　　　　　社会学
生理　　　　　　　熱力学
地質学　　　　　　動物学

50 - Scienza

レ	喜	品	観	芸	シ	自	ジ	編	活	ゲ	狩	写	芸	ム
ン	ゲ	喜	察	ム	魔	然	キ	撮	リ	み	工	魔	動	化
味	ゲ	科	芸	物	芸	芸	狩	ル	書	り	絵	絵	法	学
ダ	プ	学	パ	ズ	ク	法	編	イ	粒	化	進	イ	読	薬
ゼ	写	者	り	編	陶	狩	プ	キ	子	石	ジ	事	レ	品
プ	撮	り	園	物	理	エ	キ	釣	猟	験	実	び	狩	絵
プ	真	イ	ラ	書	学	生	ン	物	編	ン	ジ	キ	狩	エ
ル	ズ	魔	り	狩	シ	分	喜	グ	キ	ン	編	ン	興	び
猟	ハ	び	ム	芸	室	ラ	ゲ	レ	レ	プ	品	レ	重	み
活	興	研	究	室	ン	ジ	興	編	絵	ル	ダ	ゲ	画	カ
ク	原	ズ	絵	み	ジ	動	品	リ	陶	猟	写	影	エ	ズ
猟	子	陶	ー	ズ	方	り	釣	味	プ	読	喜	影	ク	ジ
活	パ	ラ	シ	パ	法	興	画	釣	ゲ	り	気	み	真	み
デ	ー	タ	園	エ	ミ	ネ	ラ	ル	仮	ャ	候	ャ	真	写
リ	魔	ャ	編	編	園	釣	キ	エ	ル	説	ラ	読	影	法

原子	仮説
化学薬品	研究室
気候	方法
データ	ミネラル
実験	分子
進化	自然
事実	生物
物理学	観察
化石	粒子
重力	科学者

51 - Acqua

```
ゼ 撮 書 書 み 味 シ 湿 法 プ キ り 喜 狩 飲
シ 写 ジ み 写 書 ル っ 影 ン パ 編 画 写 め
味 ダ 法 園 ラ プ び た 狩 ズ ン 雪 ク ハ る
真 編 ゼ み 雨 一 霜 ハ 洪 猟 ズ シ ゲ プ プ
エ キ 読 リ シ 湖 真 リ 書 水 リ ハ シ ズ 活
活 波 ゼ 真 プ 品 ゼ ケ 湿 活 間 園 ジ 魔 陶
ゼ 園 シ ャ ワ ー ル ー ダ 度 欠 撮 ム 画 狩
ハ 園 ン 猟 ゲ キ エ ン 物 写 泉 ラ 芸 レ エ
ル モ ン ス ー ン 氷 味 ク 物 ジ 灌 漑 レ 川
絵 グ り 真 味 物 書 書 み 園 編 芸 レ 写 び
気 猟 法 リ 編 イ 運 キ 活 狩 り 狩 猟 キ ク
蒸 発 プ 読 読 絵 河 陶 ゼ 動 エ ン 法 ジ 書
ハ 芸 魔 工 品 喜 海 レ ル 園 イ ル キ 動 品
り 法 パ 活 り キ 洋 味 ラ 喜 絵 興 ズ 活 レ
画 魔 ム ゼ ゲ ジ 活 書 園 グ ン 法 ル エ ジ
```

洪水	海洋
運河	飲める
シャワー	湿度
蒸発	湿った
間欠泉	ハリケーン
灌漑	蒸気
モンスーン	

52 - Imbarcazioni

絵	ル	ル	セ	品	撮	ク	ン	レ	芸	ン	ゲ	グ	ゼ	喜
リ	絵	ム	品	ー	真	魔	物	ハ	ハ	動	フ	園	法	り
レ	プ	品	ハ	グ	ラ	活	ズ	ハ	陶	湖	川	ェ	園	編
陶	陶	ム	キ	キ	リ	ー	ノ	エ	ン	ジ	ン	波	リ	読
ン	芸	芸	読	ジ	ル	イ	ー	ジ	喜	ズ	釣	興	ズ	ー
び	プ	海	画	味	興	ク	テ	写	キ	シ	陶	マ	ー	ト
園	び	釣	ズ	ャ	潮	レ	ィ	い	か	だ	グ	味	ー	ッ
猟	芸	り	興	陶	写	編	カ	ゲ	ク	ド	絵	シ	ゼ	ヨ
陶	法	み	写	動	猟	ル	ル	レ	ャ	ッ	シ	パ	ズ	動
喜	ャ	ゲ	ブ	イ	動	ロ	ム	活	編	ク	ム	リ	活	画
編	魔	物	喜	ラ	絵	ー	真	ー	ハ	活	芸	シ	エ	撮
陶	キ	陶	ハ	書	グ	プ	シ	カ	ゲ	狩	猟	ー	法	カ
ダ	釣	ジ	法	写	法	ダ	魔	ン	ヌ	ズ	品	ハ	海	ヤ
読	ャ	法	イ	味	狩	ズ	ル	ア	み	ー	ル	ク	洋	ッ
書	物	書	ゲ	ル	陶	狩	絵	影	ム	ャ	芸	ダ	芸	ク

マスト
アンカー
ブイ
カヌー
ロープ
ドック
クルー
カヤック

セーラー
エンジン
ノーティカル
海洋
フェリー
ヨット
いかだ

53 - Chimica

シ	興	み	真	触	媒	イ	ガ	酸	ン	法	撮	ズ	ズ	シ
法	味	ャ	シ	ラ	ャ	動	ス	撮	ゲ	絵	パ	ー	ク	ル
魔	影	猟	猟	シ	興	び	シ	ン	エ	ク	法	リ	グ	リ
ズ	酸	素	炭	ダ	猟	写	び	法	猟	ダ	ジ	品	影	狩
温	度	水	ダ	ゼ	リ	イ	芸	レ	ル	び	ー	エ	釣	魔
園	狩	ハ	塩	素	酵	イ	書	釣	ゲ	陶	影	び	興	狩
ム	魔	イ	エ	有	ダ	芸	み	ル	釣	興	動	レ	シ	芸
影	び	オ	ャ	機	猟	ジ	絵	ラ	ズ	ー	ム	シ	シ	キ
ゲ	ゲ	ン	ル	魔	画	ハ	編	味	キ	編	ハ	法	絵	喜
熱	ゲ	活	陶	ー	ズ	エ	釣	陶	猟	グ	ゃ	ゲ	ダ	パ
味	編	り	ク	ッ	ミ	ト	ア	塩	電	び	ゼ	プ	ダ	み
ハ	ル	ー	エ	真	法	真	り	ル	子	分	絵	液	体	イ
び	び	ー	ラ	写	ゼ	編	ャ	影	カ	エ	ル	魔	物	園
品	重	写	活	編	シ	レ	絵	み	物	リ	喜	核	ジ	釣
活	さ	絵	狩	魔	イ	エ	レ	法	味	ハ	性	興	物	パ

アルカリ性　　　　　水素
アトミック　　　　　イオン
炭素　　　　　　　　液体
触媒　　　　　　　　分子
塩素　　　　　　　　有機
電子　　　　　　　　酸素
酵素　　　　　　　　重さ
ガス　　　　　　　　温度

54 - Api

```
活 ン 品 写 女 狩 生 読 活 園 巣 ジ ワ ラ 活
蜂 芸 味 ゼ 王 法 息 法 リ 園 箱 ッ 庭 物 喜
蜜 真 画 キ 狩 写 地 ャ イ 興 ダ ク 魔 陶 グ
動 動 釣 り エ 食 画 多 興 ン ス 釣 絵 陶 絵
パ 法 真 読 ハ ベ 植 様 び 影 園 ゲ シ 画 読
煙 ゲ キ 影 ル 物 物 性 影 園 び 魔 キ ゲ み
興 真 ム 猟 ゼ び レ 魔 み び 魔 エ レ 読 み
一 編 撮 イ ン フ シ ン ム シ 編 ー ラ び エ
読 ゲ 影 リ 味 ル 画 撮 昆 活 ー ル 動 益 グ
ズ 品 キ 影 グ ッ 編 エ ハ 興 ャ 影 シ 益 芸
園 プ 影 プ 真 り 芸 書 生 り ク 猟 動 読 ャ
編 ゲ ク シ パ 魔 絵 物 態 品 陶 有 シ 興 ャ
ズ 花 パ り 真 ズ ズ ゲ 系 陶 品 陶 益 読 グ
イ 粉 喜 動 ダ 太 陽 キ 翼 キ ハ 有 ハ 益 芸
ン び ズ 品 写 活 撮 物 ゼ ハ 群 れ ャ 興 ャ
```

巣箱	昆虫
有益	蜂蜜
ワックス	植物
食べ物	花粉
多様性	女王
生態系	群れ
フルーツ	太陽
生息地	

55 - Strumenti Musicali

```
法 魔 品 絵 動 バ エ 狩 ク 狩 ピ パ 影 タ み
法 サ ッ ク ス イ 品 ル み ム り ア ゲ ン ダ
法 ジ ハ 興 陶 オ 編 ー ー ゲ 狩 レ ノ バ 園 み
狩 リ ゼ 書 レ リ 活 リ ル り 真 ク 魔 リ み ダ
狩 キ ク 品 み ン ョ シ ッ カ ー パ グ ン ダ 写
み ム ラ ド ゲ 書 物 キ シ ファ ゴ ッ ト オ
み 編 リ ズ プ 絵 ゼ グ ハ プ 真 エ ボ ー オ
ダ ク ネ ク ム 園 猟 書 リ 魔 喜 ラ 写 ル 猟
芸 ト ッ ペ ン ラ ト び プ ャ シ 動 キ フ 編
園 ラ ト 画 ル バ ン ジ ョ ー 興 マ リ ン バ
ハ 活 ト ロ ン ボ ー ン 品 タ ハ キ ゼ ム 陶
ゲ ー ク ェ レ り ズ エ ズ ギ ゼ 法 イ 狩 影
パ ャ 写 チ ゲ ゴ レ 撮 ダ マ ン ド リ ン ム
ジ ム 釣 釣 ン 読 ン ク 狩 真 ル 法 イ び 園
プ エ ダ 喜 園 ル 品 グ 編 ハ ー モ ニ カ 真
```

ハーモニカ	オーボエ
ハープ	パーカッション
バンジョー	ピアノ
ギター	サックス
クラリネット	タンバリン
ファゴット	ドラム
フルート	トランペット
ゴング	トロンボーン
マンドリン	バイオリン
マリンバ	チェロ

```
絵 エ パ リ ク 写 び ン ハ 味 芸 味 絵 影 法
エ プ ン グ ダ ク 芸 ク 園 ャ 写 活 釣 編 プ
生 先 ジ ジ 興 リ 品 ャ 魔 リ 研 書 パ 園 法
物 み 品 ャ ニ 猟 陶 狩 魔 動 究 園 芸 ラ リ
学 ゲ ー エ ア 読 り 園 り 者 哲 学 者 影
者 シ ク 狩 写 ナ り ゼ リ レ 明 ク 狩 医 キ
言 パ 真 ー 真 撮 リ 魔 喜 発 写 パ 歯 司 ラ
狩 語 絵 法 家 画 プ ス 動 物 学 者 レ 司 書
品 芸 学 外 科 医 レ 活 トッ ロ イ パ エ ゲ
み 魔 キ 者 陶 絵 プ 書 興 ダ ズ 絵 ジ ー ゲ
シ レ レ 真 編 プ ジ 物 ー ー 物 ー ー 写 喜
影 活 ラ グ 真 り ン り ジ ク み ル シ 魔 ン
調 査 員 宇 宙 飛 行 士 喜 ャ り 喜 ー ジ 物
イ ラ ス ト レ ー タ ー 医 ズ 味 ャ 真 ク 釣
写 物 ー 喜 品 画 狩 パ 師 庭 真 ー ジ 動 陶
```

宇宙飛行士	エンジニア
司書	先生
生物学者	発明者
外科医	調査員
歯医者	言語学者
哲学者	医師
写真家	パイロット
庭師	画家
ジャーナリスト	研究者
イラストレーター	動物学者

57 - Letteratura

```
ャ ハ 魔 画 イ パ 書 テ 類 み ハ 物 ス レ 魔 プ
悲 劇 キ ズ 興 撮 ン ー 推 り 品 リ タ ダ プ み
写 編 ダ 味 パ 意 見 マ 分 魔 ジ ズ イ ル 真 シ
び 動 絵 レ 書 ジ 撮 レ 猟 析 説 動 り 小 説 ー
韻 び 詩 興 書 比 喩 読 明 動 り 説 ー ゲ み ー
ゼ 絵 ル 書 狩 園 逸 読 ル ゼ 品 興 ゼ 結 ン み
ル 影 物 ク 猟 ラ 話 ル 陶 伝 芸 影 芸 論 ジ 活
動 ゲ ャ 真 ジ リ み 真 記 ー 猟 法 論 ラ ラ キ
真 ム ハ ル 編 猟 り 記 ズ ャ 芸 プ ル ジ キ ク
猟 ー 味 ズ 著 リ プ パ ゲ イ プ ン ラ 編 ク プ
比 較 興 ー 法 者 ハ ゲ イ ジ 芸 法 ズ ゼ ー 園
キ ズ ジ ャ ン ル グ リ ク ジ ン 味 ズ リ レ プ
り 撮 対 話 ズ 動 写 ル 釣 釣 活 書 リ グ レ み
ン ラ グ ゲ 絵 り 画 ハ 読 狩 ル グ レ み り
味 喜 プ エ ラ 釣 ム 絵 詩 的 ム り 真 り 園
```

58 - Cibo #2

エ	活	興	ム	園	ー	ク	プ	パ	読	ン	り	パ	魔	釣
ー	エ	ラ	絵	エ	法	ル	ア	ッ	プ	ル	ズ	ー	猟	興
リ	ゲ	品	み	活	法	活	ハ	品	ク	釣	キ	リ	ゼ	ゼ
キ	レ	ジ	ダ	編	魚	ジ	ム	書	パ	画	ノ	釣	リ	動
釣	ウ	パ	陶	ク	味	猟	り	エ	ン	芸	コ	書	書	イ
法	書	イ	釣	読	猟	り	ト	法	キ	法	活	イ	品	ク
ャ	セ	物	イ	ー	バ	ナ	ナ	マ	チ	米	シ	イ	喜	品
活	ロ	ブ	ロ	ッ	コ	リ	ー	り	ト	ー	レ	コ	ョ	チ
リ	リ	写	ル	画	味	撮	画	プ	影	ン	ャ	エ	ラ	り
シ	真	猟	園	小	魔	釣	動	ル	法	芸	読	ラ	動	ラ
チ	ー	ズ	リ	麦	真	プ	写	ハ	ヨ	ム	ゼ	物	活	喜
び	書	ク	茄	子	読	法	ン	読	ー	書	ジ	陶	プ	編
ク	ハ	物	真	釣	ャ	ャ	真	喜	グ	み	写	真	品	卵
動	ク	園	影	チ	ェ	リ	ー	ジ	ル	り	絵	写	画	レ
真	り	陶	ダ	み	葡	萄	グ	ゼ	ト	ー	読	ズ	ハ	影

バナナ	茄子
ブロッコリー	パン
チェリー	チキン
チョコレート	トマト
チーズ	ハム
キノコ	セロリ
小麦	葡萄
キウイ	ヨーグルト
アップル	

59 - Nutrizione

ン ハ 編 グ 陶 ゲ 健 康 園 陶 陶 品 法 カ ダ
法 グ 消 液 ゼ 動 書 ル リ 活 芸 ー ル ロ イ
食 欲 化 体 キ 芸 パ 影 ル 栄 ラ 重 バ リ エ
ル ジ ソ ン エ 芸 魔 び ル ル 養 さ ラ ー ッ
ズ ゼ 園 ー ダ 苦 物 ズ 狩 グ 素 ン シ ャ ト
影 パ ン ダ ス び エ い エ み シ ー ス ム イ
園 狩 狩 グ イ み ン 興 興 魔 エ 芸 キ 活 リ
法 パ 質 ク パ ン タ 陶 ゲ ダ 写 物 画 プ プ
喜 園 品 釣 ス ミ 活 ゼ ャ レ 編 味 イ 魔 リ
読 ラ 動 撮 タ 喜 猟 レ 絵 キ 品 読 み 興 ム
イ リ 炭 陶 法 ビ 画 ー ー 興 芸 び 興 味 シ
物 ジ 水 法 み ジ ゲ 写 リ エ 釣 猟 撮 喜 物
編 狩 化 真 品 ハ 興 法 法 元 気 園 ズ シ ゼ
リ ジ 物 毒 物 興 ル ラ 味 発 酵 食 釣 読 ャ
動 編 ジ 素 レ パ イ グ 法 絵 書 用 ャ 猟 び

苦い	栄養素
食欲	重さ
バランス	タンパク質
カロリー	品質
炭水化物	ソース
食用	健康
ダイエット	元気
消化	スパイス
発酵	毒素
液体	ビタミン

60 - Matematica

ゼ 園 ダ び り み 物 グ び 園 キ 狩 三 ム エ
読 芸 画 喜 プ 動 芸 グ 画 品 ム 度 角 影 ラ
動 対 ル 動 猟 ゲ り 猟 ク 味 ク エ 形 キ 書
直 品 称 プ 品 物 活 品 ル 品 ン ゼ 矩 陶 狩
径 ル ハ 園 平 行 真 画 動 猟 編 ジ 編 ハ 和
喜 小 数 指 方 程 式 書 真 陶 読 品 ハ エ 編
ボ リ ュ ー ム 真 品 ズ 動 キ プ エ 芸 書 撮
垂 リ ル 読 動 猟 書 ン シ び ラ 径 真 写 編
り 直 絵 真 ハ 絵 釣 ャ ク ゼ 写 パ 魔 読 絵
物 ム 画 物 多 ル り 魔 ズ ジ 編 書 読 釣 ダ
円 び ラ レ 角 算 ダ 喜 ダ 書 エ り 法 猟 読
囲 周 分 数 形 術 ン 幾 何 学 平 行 四 辺 形
リ 影 ダ 動 グ ー び ム 真 物 グ ャ 狩 書 狩
ャ ダ 味 影 活 ズ エ 動 陶 魔 パ 味 影 園 キ
動 ン ゼ 品 写 ン 園 興 法 物 興 ル ャ ハ ゲ

角度
算術
円周
小数
直径
方程式
指数
分数
幾何学
平行

平行四辺形
周囲
垂直
多角形
半径
矩形
対称
三角形
ボリューム

61 - Meditazione

```
ー ク み び ゼ レ エ 魔 謝 パ 写 園 ム 教 ラ
キ ダ 編 編 釣 真 ー み 感 ー 釣 影 エ え 親
ク ジ 撮 り 狩 撮 受 情 ス 写 リ 書 影 び 切
ル び 品 読 ゼ 喜 ン け 陶 ペ ン レ ダ キ 喜
魔 平 ャ ン 動 興 リ 入 読 ク 思 考 レ 釣 ー
物 マ 和 品 グ 釣 ズ れ エ ラ 絵 イ み 狩 音
ー 写 イ ゲ 園 思 い や リ テ 沈 真 み グ 楽
陶 ル タ ン メ 画 ジ 撮 び ィ 黙 画 絵 編 シ
呼 ム 真 シ ド ゼ 活 書 り ブ 法 写 撮 ハ 猟
吸 ラ 陶 書 び 影 喜 り 活 ム 影 絵 影 イ 動
真 読 エ び ハ レ 魔 ジ 自 パ シ 狩 動 ラ 画
園 注 意 キ 写 画 絵 ク 然 ダ エ み き イ ズ
動 読 エ 園 読 観 レ 姿 動 興 ジ 物 エ ハ 絵
パ ゲ エ 読 魔 察 明 勢 ャ 園 撮 イ グ 写 シ
ャ ゼ 喜 ム シ み 快 ー 興 ル ム 画 グ 写 シ
```

受け入れ
注意
明快
思いやり
感情
親切
感謝
教え
メンタル
マインド

動き
音楽
自然
観察
平和
思考
姿勢
パースペクティブ
呼吸
沈黙

62 - Elettricità

量	リ	リ	読	ラ	イ	テ	狩	パ	魔	味	興	狩	狩	猟
撮	魔	味	ゲ	ゼ	び	レ	エ	み	絵	陶	影	猟	読	ン
動	み	レ	負	ダ	書	ビ	プ	エ	ゃ	ゲ	陶	猟	活	画
影	び	ン	エ	園	キ	イ	ズ	プ	イ	撮	喜	ジ	喜	撮
グ	び	プ	興	み	ー	喜	ャ	リ	グ	み	ー	絵	ー	ゲ
ム	ル	ゼ	陶	イ	撮	物	ラ	ハ	イ	猟	シ	書	陶	パ
ス	狩	り	ゲ	イ	パ	味	動	ラ	ン	プ	ク	興	ー	球
ク	ト	真	エ	リ	パ	真	陶	品	び	キ	読	び	話	電
興	正	レ	園	活	ソ	ケ	ッ	ト	画	ル	真	ャ	ャ	気
ン	ル	ブ	ー	ケ	ル	リ	ン	パ	シ	活	ル	ズ	び	ー
読	味	喜	ザ	ジ	発	生	器	狩	活	ハ	活	物	画	ゲ
キ	プ	ャ	ー	ラ	法	パ	ラ	イ	ワ	電	気	技	師	陶
魔	り	読	レ	ハ	シ	ン	喜	ャ	ン	イ	レ	写	釣	ム
ゼ	真	通	信	網	電	池	ゼ	り	画	磁	ヤ	リ	ゼ	り
オ	ブ	ジ	ェ	ク	ト	ズ	芸	ハ	撮	石	キ	撮	ル	芸

電池　　　　　　　　電球
ケーブル　　　　　　レーザー
ストレージ　　　　　磁石
電気技師　　　　　　オブジェクト
電気　　　　　　　　ソケット
ワイヤ　　　　　　　通信網
発生器　　　　　　　電話
ランプ　　　　　　　テレビ

喜	ダ	ン	プ	ル	投	資	オ	調	活	イ	ー	ル	編	ズ
画	世	紀	興	数	ハ	画	ー	子	味	書	み	レ	ー	編
写	プ	ン	キ	価	十	画	セ	狩	芸	ル	芸	味	写	絵
レ	法	味	彫	格	キ	年	ン	興	ン	珍	し	い	ゼ	リ
書	法	法	刻	キ	ャ	イ	テ	び	ゲ	読	古	競	売	真
シ	芸	動	ム	ャ	プ	ゼ	ィ	キ	エ	レ	グ	値	猟	真
活	芸	活	読	影	エ	狩	ッ	狩	狩	ジ	イ	魔	ャ	猟
キ	ゼ	釣	装	飾	家	魔	ク	ズ	ク	物	グ	み	法	ダ
レ	ハ	狩	狩	ア	具	書	イ	画	コ	イ	ン	狩	リ	魔
読	ャ	編	キ	芸	ー	猟	エ	び	物	ジ	撮	ス	活	法
リ	ャ	書	ラ	イ	興	ト	ギ	ャ	ラ	リ	ー	タ	芸	影
魔	ム	画	品	影	ム	活	ン	編	エ	撮	品	イ	陶	ズ
芸	リ	影	レ	画	編	ハ	猟	ガ	ク	キ	猟	ル	復	物
影	陶	園	活	猟	グ	ラ	影	ル	レ	釣	品	写	元	パ
ル	園	ン	エ	釣	園	ル	物	読	喜	エ	質	喜	陶	芸

アート
競売
オーセンティック
調子
数十年
装飾
エレガント
ギャラリー
珍しい
投資

家具
コイン
価格
品質
復元
彫刻
世紀
スタイル
古い

64 - Escursionismo

```
び 法 太 陽 サ 書 ム 疲 ー ム り 野 ー 影 レ
編 猟 ズ 猟 法 ミ 興 れ 味 グ ャ 生 ダ 水 書 喜
魔 ン 釣 リ 真 ッ ハ ズ 猟 レ 書 図 真 芸 重
準 備 ジ ズ ゲ 陶 ダ ト 猟 読 絵 公 園 地 ゲ 画 い
パ 猟 写 活 み イ 写 園 狩 グ 物 影 園 リ 物 動 ズ
品 物 自 魔 イ 動 魔 書 興 ゲ 真 書 書 蚊 写 品
喜 リ 園 然 動 ジ ゲ プ び 法 レ リ リ 動 読
イ ダ り ガ キ パ 崖 レ 狩 イ り 書 蚊 写 品
パ ゼ 品 ィ ャ 味 撮 ッ 影 猟 真 ズ レ 味 山 読
編 芸 活 ド ン ョ シ ー テ ン エ リ オ ジ
園 書 キ 編 プ プ ジ ブ 読 キ プ イ プ ク グ
イ 興 活 絵 ズ 喜 ゲ 書 り 書 び 猟 工 品 狩
書 ゲ 動 喜 絵 レ パ キ ハ 読 エ ャ シ プ 陶
ハ ゲ 絵 物 味 猟 イ プ 味 ダ 絵 園 画 画 ャ
活 シ ャ ラ イ 気 候 猟 石 芸 喜 魔 猟 園 イ
```

動物	重い
キャンプ	準備
気候	野生
ガイド	太陽
地図	疲れた
自然	ブーツ
オリエンテーション	サミット
公園	

65 - Professioni #1

宝	キ	ゲ	ピ	ハ	興	ハ	ン	タ	ー	音	ク	ラ	グ	編
石	プ	ゼ	魔	ア	ダ	ー	写	編	工	書	楽	園	猟	ゼ
商	ル	動	イ	画	ニ	地	図	製	作	者	読	家	行	銀
園	ラ	エ	撮	エ	グ	ス	ン	猟	影	み	魔	興	ハ	ハ
書	み	編	集	者	法	味	ト	ス	ィ	テ	ー	ア	獣	キ
書	魔	プ	園	学	ハ	配	ゼ	ャ	ク	釣	ー	ハ	医	活
書	真	レ	レ	理	地	科	管	活	ャ	影	リ	撮	編	撮
物	芸	書	画	心	質	学	編	エ	ク	物	狩	シ	み	園
影	釣	釣	物	喜	学	者	学	文	天	影	プ	リ	パ	陶
ム	編	写	影	び	者	び	書	興	ル	物	ゲ	園	ル	み
シ	味	り	み	ゼ	婦	真	書	工	猟	み	ラ	り	ゲ	狩
り	活	び	踊	弁	護	士	薬	狩	写	魔	ダ	法	品	リ
写	芸	コ	り	絵	看	ク	剤	大	使	ム	ク	キ	園	イ
真	ー	ー	子	り	猟	レ	師	り	プ	ダ	品	キ	エ	パ
編	味	チ	猟	エ	ル	影	ル	画	シ	ー	レ	り	園	パ

コーチ	薬剤師
大使	地質学者
アーティスト	宝石商
天文学者	配管工
弁護士	看護婦
踊り子	音楽家
銀行家	ピアニスト
ハンター	心理学者
地図製作者	科学者
編集者	獣医

66 - Antartide

イ	真	園	釣	ャ	イ	パ	味	魔	編	影	研	ン	園	撮
び	狩	ダ	地	リ	ン	魔	グ	み	キ	雲	究	移	行	画
び	物	ル	理	べ	興	動	イ	水	物	物	者	保	全	氷
撮	読	ゼ	写	芸	イ	ム	プ	ー	魔	芸	プ	物	環	河
パ	ゼ	シ	ャ	動	狩	動	び	ダ	真	ハ	ル	絵	境	大
画	猟	編	物	地	形	ー	興	ダ	ダ	ラ	ダ	味	影	陸
プ	釣	ズ	パ	撮	活	プ	狩	味	ズ	パ	ー	喜	猟	レ
園	撮	ー	活	味	プ	動	興	書	レ	ー	釣	画	読	ジ
ク	温	度	魔	法	撮	り	書	芸	エ	ゼ	猟	氷	真	り
ジ	狩	島	エ	パ	魔	エ	科	影	ル	読	パ	ダ	ロ	ル
ラ	ゲ	活	絵	ン	び	ラ	学	シ	ク	真	狩	み	ッ	読
シ	エ	ジ	味	物	ミ	狩	的	ダ	影	読	り	品	キ	絵
ル	絵	釣	イ	半	島	ネ	活	イ	喜	ャ	ハ	撮	ー	ー
撮	法	パ	ム	シ	影	興	ラ	ゼ	ル	書	釣	遠	レ	猟
レ	釣	ゲ	猟	魔	猟	ゼ	動	ル	び	ゼ	ダ	征	芸	絵

環境	ミネラル
ベイ	半島
クジラ	研究者
保全	ロッキー
大陸	科学的
地理	遠征
氷河	温度
移行	地形

二興グ芸ク撮編シ真シ法み読り陶
法重真陶活画喜プゼ園品り法喜ジ
撮書性グ写ル書書エエ園ユ猟画興
イームラエゼかシハ真写ー狩撮ン
歴史的ン園プれ味ル絵猟モン画魔
クゲ劇ョ園パた活園クク ラ魔狩魔
品ム悲シ喜スエピッイ冒ス魔詩動
キャラクタートジゲリ険園ル絵キ
猟文学レレタズーリシ味喜動レり
イ喜りコ撮ー喜ャ書ー関連する活
クズイ釣ムレ影ャ書ー著連するジ
ール狩ララナ画ム影リズびシ編ジク
読ゲ芸ララ読ゲ狩物イジル画ー物ク
ジ者小説画画味写興猟びル猟イ発影
魔園動イ品影プ猟グププイ読影明

著者　　　　　　　ページ
冒険　　　　　　　関連する
キャラクター　　　小説
コレクション　　　書かれた
二重性　　　　　　シリーズ
エピック　　　　　ストーリー
発明　　　　　　　歴史的
文学　　　　　　　悲劇的
読者　　　　　　　ユーモラス
ナレーター

68 - Geografia

```
動 影 園 イ ジ 味 ラ プ ゼ ル ラ リャ 狩 読
ゲ ゼ り ー パ パ 真 撮 興 魔 撮 パ ダ 影 プ
絵 陶 画 ル パ シ 喜 ズ ハ エ ア リ ル 真 活
ダ ク 世 島 パ 品 釣 魔 プ ン ト 撮 ク キ ゲ
活 書 界 市 喜 北 ズ 絵 領 域 ラ ス 真 南 ー 読
ダ パ シ ダ 魔 法 み 芸 読 地 ス 芸 書 ク ゼ
国 撮 釣 絵 リ 魔 ラ 芸 ゼ レ ハ 地 図 真 半
び 川 編 ダ ル キ み 味 品 編 ズ び 園 真 球
魔 レ 魔 ャ ク 品 山 レ キャ ゲ 釣 法 陶 リ
キ 喜 エ 緯 読 魔 狩 大 陸 編 ハ ン 狩 絵 ー プ
ム 法 真 度 高 狩 芸 リ 読 リ ゲ 動 ー ン 動
園 び 子 経 画 撮 ダ ラ シ 書 魔 猟 ハ ー ク
エ ラ ダ 午 ダ 興 エ ハ ル ズ リ ー 魔 芸 ー
撮 品 ジ 活 線 猟 ン ズ シ 魔 ズ 法 読 味 イ
品 真 海 西 品 ゲン 品 撮 リ 真 ン 物 芸 画
```

高度	地図
アトラス	子午線
大陸	世界
半球	領域
緯度	地域
経度	

69 - Cibo #1

パゼリレレゲ絵ほ書陶書レャプニ
プ書魔味興活撮う八釣撮活書編ン
オび写園ジ影れズ動クイ真梨ニ
オ法レ法シグみんじんにク活ム
ムラキャ園興び草ルクリ物シ書画
ギャ味イ品影りびダャ芸ク書ズ
書園編芸撮レケーキバジル喜活み
物影品ー書びモト書読ンミイ工び
クル編陶び影画ン品ジュースス塩芸
ル書物興魔読カミモ興狩喜び猟読
芸味撮ダルブ味読ナツゲゼ砂糖
サラダ玉葱撮ゲン読ハシグ写プク
プパ園画苺ル魔ル釣肉書狩狩りジ
真書び活園ジ品書エり八読芸グ園
真味シ撮画ズーャ影び読レゼレレ

ニンニク
バジル
シナモン
にんじん
玉葱
サラダ
ミルク
レモン

ミント
オオムギ
カブ
ほうれん草
ジュース
ツナ
ケーキ
砂糖

70 - Aeroplani

味	品	さ	イ	写	法	シ	読	法	ル	動	リ	び	プ	り
ル	芸	高	度	シ	み	ク	真	魔	旅	客	興	キ	ダ	パ
グ	レ	冒	法	ラ	プ	レ	グ	パ	パ	魔	リ	イ	魔	歴
イ	シ	険	ハ	陶	ゼ	ム	レ	陶	猟	り	エ	画	撮	史
降	ラ	プ	真	写	動	芸	品	読	ハ	法	グ	画	興	狩
ー	下	物	り	猟	シ	ダ	陶	撮	着	ゲ	興	撮	喜	画
法	乱	写	び	り	興	グ	味	猟	陸	み	プ	喜	芸	猟
撮	流	編	活	ジ	芸	猟	書	シ	方	向	物	芸	燃	パ
リ	興	び	び	園	ハ	設	計	書	興	物	品	燃	イ	ジ
ー	喜	イ	バ	ル	ー	ン	ジ	芸	動	シ	影	ク	法	料
画	影	興	り	プ	陶	ジ	ン	読	シ	ゼ	エ	ゲ	グ	猟
み	喜	画	パ	ン	陶	ン	エ	シ	ゼ	エ	ゲ	イ	ゼ	園
動	ク	水	ゼ	雰	空	ン	プ	物	ク	芸	芸	ゼ	味	シ
写	ル	シ	素	囲	気	エ	ム	真	芸	ャ	ラ	読	シ	喜
魔	ー	レ	ゼ	気	喜	ル	パ	イ	ロ	ッ	ト	り	狩	喜

高さ
高度
空気
雰囲気
着陸
冒険
燃料
建設
設計
方向

降下
クルー
水素
エンジン
バルーン
旅客
パイロット
歴史
乱流

```
品 影 陶 政 リ 撮 キ 猟 ゼ 状 魔 園 シ 品 ー
書 ク プ 治 影 品 ズ シ み 影 態 ー 喜 ゲ り
ー り 編 狩 狩 編 ゼ ン 画 ー 陶 園 シ 影 動
写 ン ゲ ズ 真 釣 ー ボ 平 影 釣 猟 喜 ダ シ
撮 絵 独 立 み ル ク 等 び リ 法 イ 影 リ ゼ
み エ ズ グ 編 活 喜 議 論 ジ ー ワ パ 読 ゼ
エ 陶 猟 狩 興 ャ 国 キ 記 ラ ダ レ 活 ャ 法
ダ り グ 活 利 び 民 家 念 ー ハ イ 陶 味 ジ
ラ 芸 影 絵 権 民 市 主 碑 ル 動 パ 影 法 ル
ス ピ ー チ 司 書 シ 主 ジ ダ ン 園 味 自 由
読 影 画 ズ 法 撮 ル 書 ク 義 み 活 味 由 パ
ダ 編 品 猟 憲 ズ レ 品 ゲ 絵 パ 動 陶 品 釣
編 ダ 撮 ク グ 法 び 写 読 編 絵 猟 影 品 書
ル 画 ゲ 活 ゲ み ゼ 絵 狩 園 猟 正 義 イ 味
イ み 写 真 み 動 シ 絵 エ ゼ り 園 写 味 魔
```

リーダー　　　　　　独立
市民権　　　　　　　法律
市民　　　　　　　　自由
憲法　　　　　　　　記念碑
民主主義　　　　　　国家
権利　　　　　　　　政治
スピーチ　　　　　　パワー
議論　　　　　　　　シンボル
司法　　　　　　　　状態
正義　　　　　　　　平等

72 - Colori

み	動	真	魔	エ	狩	編	動	ル	イ	ゲ	画	芸	リ	味
ジ	み	ー	芸	狩	び	喜	ル	興	ゼ	編	猟	陶	り	品
物	ゼ	ハ	ム	読	法	ダ	活	ン	ゼ	ュ	味	リ	画	ゃ
園	エ	シ	猟	シ	撮	編	イ	ン	ジ	ゴ	緑	エ	セ	紫
真	喜	シ	ク	リ	ム	ゾ	ン	ダ	ー	影	エ	グ	ピ	魔
法	赤	ア	ブ	ラ	ッ	ク	ゼ	ハ	ベ	茶	真	絵	ア	フ
ズ	ー	ン	び	動	ズ	園	編	シ	色	芸	リ	ル	ク
プ	喜	ン	り	ゼ	読	物	画	ハ	グ	魔	芸	陶	シ
興	ラ	ハ	狩	活	ン	ダ	活	ダ	キ	読	イ	狩	ア
オ	ー	マ	ゼ	ン	タ	ム	ゼ	リ	黄	レ	ズ	ー	法	青
園	レ	芸	び	ム	ゼ	味	エ	ゼ	猟	色	ゃ	絵	法	書
ム	グ	ン	イ	陶	び	陶	絵	ン	物	キ	書	ル	物
興	品	写	ジ	猟	絵	影	び	興	紺	碧	編	キ	レ
動	ジ	動	動	影	ピ	ン	ク	ク	シ	喜	イ	活	ラ	ズ
白	い	陶	狩	活	画	物	パ	プ	読	興	イ	活	ゼ	釣

オレンジ	グレー
紺碧	インジゴ
ベージュ	マゼンタ
白い	茶色
シアン	ブラック
クリムゾン	ピンク
フクシア	セピア
黄色	

73 - Bellezza

真 シ 影 サ イ 狩 動 び り 喜 陶 プ 読 活 リ
シ ズ ダ ー フ ォ ト ジ ェ ニ ッ ク プ エ パ
り ャ 魔 ビ グ ゲ 品 エ 編 ロ エ 撮 芸 レ ハ
オ 編 ン ス 編 ラ 法 ン 活 紅 エ ー ャ ガ 芸
パ イ 影 プ 猟 魅 プ ハ ゲ 真 ゼ 芸 猟 ン 動
影 撮 ル 撮 ー カ 物 り イ 動 ジ 読 釣 ト り
法 書 釣 ラ カ ス マ は さ み 魔 エ シ 書 リ
画 読 動 絵 ー 猟 ル 喜 肌 品 び ル び 品 ジ
写 ム 影 影 ル ス タ イ リ ス ト 品 ン 喜 レ
陶 撮 品 読 み プ 鏡 み ズ 影 芸 香 興 ャ シ
影 芸 優 雅 化 粧 品 真 ャ 釣 写 り 編 ダ シ
撮 ャ ャ 写 ラ 化 み 編 ズ ク 芸 プ ー み 芸
ズ 影 リ 撮 シ ム キ 真 ゲ 陶 ム リ ダ 動 色
写 リ 園 釣 園 書 活 プ パ 製 ズ エ ゼ ー 書
エ ゲ ラ 読 シ 活 ル り ム ラ 品 釣 ル 品 活

化粧品	オイル
エレガント	製品
優雅	カール
魅力	口紅
はさみ	サービス
フォトジェニック	シャンプー
香り	スタイリスト
マスカラ	化粧

74 - Avventura

```
陶 魔 撮 ル 絵 び 読 さ 珍 機 危 芸 動 活 ゼ
リ シ ゼ ゲ ズ 遠 足 撮 し 会 険 撮 真 書 動
写 編 狩 編 び び 園 ズ い 美 な パ 味 読 チ
み ー 活 ゲ リ 読 魔 び 品 ャ 猟 自 動 喜 ャ
ー 芸 プ リ 編 ャ イ ズ 活 ン 釣 然 新 び ン
写 ン ラ ャ り イ ム リ 行 き 先 プ み 着 ス
狩 ジ シ 画 園 ク 陶 読 物 絵 絵 動 シ 真 エ
法 課 題 画 狩 ー 影 物 読 み 友 達 読 グ り
シ 喜 絵 撮 書 ン 読 書 読 ゲ 旅 物 法 パ 陶
プ 釣 イ 狩 狩 キ 芸 品 興 困 程 園 パ 喜 勇
り ク 物 読 園 味 芸 品 陶 難 品 絵 物 ル 気
ハ 喜 釣 ン 喜 品 絵 ジ 活 品 絵 熱 喜 準 画
ゲ ン ル シ 喜 読 園 陶 絵 品 絵 意 ハ 備 ゼ
リ び シ ゲ 読 シ ジ 安 魔 シ 魔 ム 熱 ム 狩
ナ ビ ゲ ー シ ョ ン 安 全 性 狩 魔 意 ム 狩
```

友達
活動
美しさ
チャンス
勇気
行き先
困難
熱意
遠足
喜び

珍しい
旅程
自然
ナビゲーション
新着
機会
危険な
準備
課題
安全性

75 - Oceano

画撮リクシーラャ活パびエ鮫ク法
読活ムゼエン絵ゲズラ魔ビエラび
ダ絵イパゼハ塩たこ猟物動ゲシ
レ読リルポエ魔魔読狩法編猟写動
潮汐み撮ンクプ興味撮陶影芸魚動
画編フトジシ活狩ムャル影喜プシ
ダ味コーラル画シ鯨キエ編釣影魔
真釣シボリイーン編味狩陶影パ興
ン園読活り猟レキ味狩書狩味影ジ
び釣画ラグ読釣ャカ釣狩味嵐びラ
影活活ゼー釣ムルニカメレズエグ
う芸ダびエムびゼイ興園活釣グゼ
パな味読ル物イズ撮絵撮ツナグ真
物猟ぎ動園波レり狩プ活り興ャプハ
ゼン動ー釣写ン猟ズンジパジり

うなぎ　　　　　　クラゲ
ボート　　　　　　カキ
コーラル　　　　　たこ
イルカ　　　　　　リーフ
エビ　　　　　　　スポンジ
カニ　　　　　　　カメ
潮汐　　　　　　　ツナ

76 - Famiglia

り	イ	法	釣	夫	び	ム	影	撮	ズ	釣	ジ	釣	園
ダ	ム	び	猟	狩	活	園	ャ	子	双	狩	書	品	甥
釣	影	活	み	い	と	こ	喜	狩	供	り	ダ	真	ム
画	祖	子	読	レ	写	影	読	ン	達	ン	魔	レ	品
喜	先	芸	供	園	動	ー	ハ	書	ー	編	ャ	み	レ
撮	ダ	ャ	ズ	品	ク	芸	興	父	祖	撮	物	性	ル
興	子	シ	興	ゼ	ー	園	レ	方	画	レ	園	叔	母
ハ	供	ハ	ャ	姉	読	ゲ	ハ	の	母	ダ	パ	動	プ
活	の	兄	弟	妹	画	動	シ	絵	狩	リ	喜	活	パ
芸	頃	ズ	エ	イ	ー	ー	園	狩	真	パ	絵	狩	キ
陶	ャ	ズ	ン	ー	ダ	真	味	ズ	活	ン	パ	書	ー
グ	ル	狩	園	レ	グ	ダ	ズ	ム	ダ	び	ン	ー	品
味	ル	ム	び	品	ジ	レ	真	読	キ	ー	物	ー	プ
び	ン	ゲ	味	ラ	魔	ム	猟	お	ば	あ	ち	ゃ	ん
猟	ン	品	リ	ー	ラ	動	ゼ	絵	ハ	法	父	叔	グ

祖先	母性
子供達	おばあちゃん
子供	祖父
いとこ	父方の
兄弟	姉妹
双子	叔母
子供の頃	叔父

77 - Creatività

撮	釣	ハ	影	品	直	感	ア	リ	ー	び	味	び	ゲ	印
情	真	陶	狩	ゲ	写	法	真	イ	び	び	ジ	み	読	象
感	り	ル	み	影	写	り	プ	狩	デ	画	狩	り	レ	ジ
ク	覚	キ	画	ハ	リ	ハ	シ	撮	狩	ア	シ	喜	画	イ
イ	ン	ス	ピ	レ	ー	シ	ョ	ン	想	像	力	ダ	撮	イ
魔	ジ	ゲ	画	猟	品	園	ン	シ	イ	ダ	活	動	写	ャ
陶	読	狩	み	パ	ム	動	シ	び	ハ	物	ル	プ	絵	味
ズ	ー	興	み	画	パ	ャ	プ	ジ	陶	ハ	ジ	レ	芸	陶
品	ダ	キ	園	プ	読	グ	読	ハ	ハ	園	び	書	味	ズ
ジ	芸	ン	真	レ	ハ	ャ	撮	表	興	活	シ	影	陶	ビ
イ	信	術	イ	撮	狩	り	現	ダ	活	シ	ャ	性	ズ	ジ
パ	憑	撮	的	物	魔	強	度	猟	ム	流	動	ン	ビ	ョ
芸	性	釣	劇	狩	強	ダ	興	快	画	像	ン	ゼ	ジ	ン
影	イ	猟	真	動	釣	動	陶	発	明	ゲ	読	ン	ク	び
ゲ	味	画	影	喜	ム	エ	ク	び	魔	法	ー	真	ク	び

スキル
芸術的
信憑性
明快
劇的
感情
表現
流動性
アイデア
想像力

画像
印象
強度
直感
発明
インスピレーション
感覚
自発
ビジョン
活力

78 - Veicoli

```
エ キ 猟 物 書 フ バ ス 品 猟 エ キ ハ 園 ゲ
猟 ー ダ 釣 ゲ ェ ジ キ み へ 影 ー 物 陶 グ
読 ゲ リ 品 ト リ 狩 猟 魔 り み 動 グ グ ム
ゲ ダ ー イ 書 ー シ ク タ コ 法 読 ー 撮 グ
ズ 魔 ャ キ キ パ ボ 読 ー プ 真 パ 興 ゲ ゲ
動 潜 水 艦 ャ ル み ク 魔 タ ラ 撮 自 転 車
喜 イ ン ク ラ リ 活 真 ー プ ズ 写 画 喜 動
味 魔 興 り バ プ 地 魔 撮 ダ ゲ イ 影 ラ ジ
活 エ 猟 読 ン リ 下 ハ ス ク ー タ ー 動 ラ び
ク ズ 影 絵 芸 キ 鉄 イ エ ダ ル 救 陶 ケ び 品
編 び ハ 園 シ ズ ダ ゲ ゼ 物 急 絵 ッ 絵 真
読 ゼ シ グ ダ モ リ ト ラ ッ ク 車 列 ト 飛 ム
い か だ 品 み 喜 ー 真 魔 タ ク 列 釣 行 編
ト ラ ク タ ー 品 レ タ ゼ 猟 イ 釣 ヤ 機 興
品 喜 ャ 法 ャ パ 魔 魔 ー イ 真 ヤ ン 機 興
```

飛行機　　　　　タイヤ
救急車　　　　　ロケット
バス　　　　　　スクーター
ボート　　　　　潜水艦
自転車　　　　　タクシー
トラック　　　　フェリー
キャラバン　　　トラクター
ヘリコプター　　列車
地下鉄　　　　　いかだ
モーター

79 - Natura

物	ゲ	リ	リ	写	穏	活	魔	狩	キ	陶	影	ゼ	ゲ	ト
魔	イ	ズ	エ	魔	や	芸	美	重	要	エ	法	ー	キ	ロ
物	ゼ	ジ	読	イ	か	陶	猟	し	芸	撮	み	森	り	ピ
芸	魔	猟	キ	ー	ル	喜	書	書	さ	画	活	魔	プ	カ
ー	シ	ェ	ル	タ	ー	リ	動	ハ	編	ム	ラ	ル	ダ	ル
サ	釣	ム	リ	ン	プ	ダ	ゲ	ジ	ゼ	活	北	狩	活	興
び	ン	川	園	プ	釣	釣	園	真	イ	ム	極	み	園	味
み	興	ク	プ	キ	法	園	ジ	狩	リ	ー	ン	陶	グ	撮
物	レ	ゲ	チ	写	活	エ	プ	ル	陶	法	釣	シ	ン	物
陶	氷	河	動	ュ	び	リ	び	み	ジ	物	撮	葉	侵	食
ダ	み	ム	的	山	ア	魔	ズ	レ	物	猟	り	ゼ	動	編
び	陶	プ	動	絵	雲	リ	み	ダ	園	画	ム	猟	影	ハ
り	蜂	キ	物	ゲ	陶	イ	釣	レ	絵	エ	野	パ	園	影
ム	園	ー	編	り	砂	漠	絵	ム	り	品	霧	生	物	撮
ゼ	画	グ	釣	ー	ダ	読	園	撮	喜	ラ	ゲ	び	釣	狩

動物 シェルター
北極 サンクチュアリ
美しさ 野生
砂漠 穏やか
動的 トロピカル
侵食 重要
氷河

80 - Balletto

```
ハ 書 園 興 一 り レ レ び 音 魔 バ り 拍 編
読 撮 工 筋 肉 興 ッ 活 イ グ 楽 レ エ 手 一
興 物 興 ン レ ス 芸 猟 編 シ リ リ 書 ハ
グ ラ 絵 ラ ー キ 術 技 読 活 ー 撮 書 イ
ダ ズ 動 ト 書 ン 的 撮 猟 ジ ナ グ ム ム
法 ン 品 ス リ ズ 撮 強 パ 釣 園 撮 ズ ャ
レ 喜 サ ケ 作 園 ム 法 イ 喜 陶 ソ ク み
シ 狩 イ 一 曲 キ プ 猟 動 編 写 ロ ャ 魔
ジ レ リ オ 家 レ 度 ジ 影 真 影 味 グ 書
ェ ズ ハ ズ 絵 ラ 真 釣 パ 書 法 真 プ リ
ス シ 一 表 現 カ 豊 ャ シ 陶 振 練 習 プ
チ ク サ グ 品 活 陶 ゼ ラ 品 喜 り ャ キ
ャ 活 ル 写 品 動 ゼ み ル イ タ ス 付 レ
ー 品 絵 び ャ 書 興 撮 ゼ 猟 陶 ム け
魔 真 ラ 味 り シ 影 書 ル ル 読 シ キ み
```

スキル
拍手
芸術的
ソロ
バレリーナ
ダンサー
作曲家
振り付け
表現力豊かな
ジェスチャー

強度
レッスン
筋肉
音楽
オーケストラ
練習
リハーサル
リズム
スタイル
技術

カヤゼブダキ写猟ンル活猟ドモベ
ンドンランィフ魔ドエ一品イロネ
ボトプジエン興イン撮ゲマツッズエ
ジみエルエラスイラ書物ナニコエラ
アセネガルーキ物ークジパ喜アラジ
キ陶品陶エジ興パポスペイン活ジ
読みズ園釣ラ活影動ラ撮書書猟影
リ絵動撮ゲ活カムイリマ魔グ絵ー
インド書ルり活ナ画ビノルウェー
ムン読ル影画喜トダア法ジゲりみ
法動陶ダ撮園シベラ猟ャ画レ猟リ
レ写リ動芸猟活釣園パ動レ活シル
ハ陶活真ルクシ編プエ味キャシり
ハりハズプン写レエパ編園法りエ
芸ムゼャキリ画ルジラムエパル法

ブラジル	マリ
カンボジア	モロッコ
カナダ	ノルウェー
エジプト	パナマ
フィンランド	ポーランド
ドイツ	ルーマニア
インド	セネガル
イラク	スペイン
イスラエル	ベネズエラ
リビア	ベトナム

論	理	書	書	形	レ	割	合	園	園	狩	プ	ズ	直	径
読	プ	動	狩	角	ゼ	活	シ	グ	ジ	み	ゼ	キ	垂	画
法	活	芸	真	三	度	法	ズ	魔	ー	動	動	活	レ	グ
ハ	撮	品	ジ	魔	ム	画	ャ	影	物	影	グ	ジ	喜	グ
ゲ	画	イ	セ	理	活	猟	釣	物	狩	法	ゼ	高	書	法
シ	み	ン	グ	論	ゼ	狩	魔	書	魔	ャ	水	さ	曲	動
園	活	物	メ	対	シ	称	ジ	興	物	ゼ	パ	影	線	ク
次	ジ	ゲ	ン	絵	ジ	活	ャ	平	エ	ゼ	撮	法	書	画
元	ム	物	ト	イ	猟	み	ー	行	写	ラ	物	動	み	ル
編	園	ン	味	真	画	画	計	算	ン	ラ	芸	リ	釣	動
味	ク	読	ゲ	味	絵	動	み	ン	ハ	写	式	番	ズ	法
魔	園	キ	ズ	ャ	ゼ	法	猟	物	方	程	び	号	ャ	興
中	表	び	喜	み	ャ	品	猟	方	程	式	び	号	園	円
プ	央	面	ラ	ゼ	り	レ	陶	画	陶	撮	プ	味	影	読

高さ
角度
計算
曲線
直径
次元
方程式
論理
中央値
番号

水平
平行
割合
セグメント
対称
表面
理論
三角形
垂直

83 - Foresta Pluviale

喜 ラ 画 書 書 イ 写 先 み ラ パ 写 品 保 存
撮 喜 ズ 芸 読 プ ゼ 陶 住 写 画 画 影 ン 物画
物 び 工 書 貴 重 び 物 民 味 ジ 書 キ シ ハ
法 狩 ゼ ャ 法 ャ レ イ 興 ャ 狩 シ 書鳥ン
パ 気 法 活 種 ダ ル パ 釣 リ び ン ー ズ ル ジン
コ 候 植 園 動 動 芸 プ 喜 自 然 多 グ シ ャ ル び
喜 ミ 物 避 興 シ 虫 画 活 ャ 様 ル ジ 物
ラ 魔 難 味 陶 物 影 ャ 性 物 品 法 び
喜 影 ュ パ ン 陶 両 芸 キ 物 画 画 パ 物
狩 リ レ ニ テ 活 生 喜 編 復 元 エ ク 品
パ 真 ム ラ ィ 類 ル レ ジ 生 活 尊
哺 真 イ 魔 レ ル び 物 み ラ ャ 存 苔 敬
レ 乳 プ レ ダ 物 キ み 釣 ジ 喜 法 グ イ
び 法 類 パ 味 ダ ン プ ル シ 狩 ダ 工 園 陶 ダ
ク ク 法 ン 画 グ エ 陶 シ び 猟 雲 法 動 編 真

両生類
植物
気候
コミュニティ
多様性
ジャングル
先住民族
哺乳類

自然
保存
貴重
復元
避難
尊敬
生存

84 - Edifici

芸 ラ 納 喜 キ 芸 ハ ゲ 書 ス 書 狩 ズ 動 釣
工 書 屋 レ 物 ム 書 ズ 法 ー リ み ク グ 影
読 撮 魔 ム 影 活 び ズ ー パ 影 レ 芸 興 味
病 ホ ス テ ル ク 狩 リ 影 一 物 ハ 猟 ハ ム
影 院 リ ズ 釣 ン 真 シ ハ マ パ び 園 編 物
釣 シ み 興 ン 活 猟 一 芸 一 ゼ ハ ル イ ル
ム 品 ネ ゼ 喜 ハ ズ り 味 ケ 園 ズ 狩 陶 味
ア 書 ャ マ ジ ム 影 ム ン ッ ハ 工 園 り ダ
ジ パ 興 園 ゼ キ 品 影 編 ト ン テ ク ズ ー
タ み ー シ 魔 狩 ラ ン 動 研 ビ エ イ プ ー
ス ジ プ ト 園 学 校 真 工 究 ャ 喜 シ 博 キ
天 文 台 喜 狩 興 動 ジ 場 室 キ 味 書 物 興
ゲ 狩 品 ャ 書 ホ 工 法 劇 写 み 園 撮 館 一
ハ 活 大 学 ラ テ ダ 撮 タ ワ ー 城 釣 使 ラ
読 釣 ジ ー ハ ル み 興 品 ハ 撮 味 魔 大 プ

大使館	天文台
アパート	ホステル
キャビン	学校
シネマ	スタジアム
工場	スーパーマーケット
納屋	劇場
ホテル	テント
研究室	タワー
博物館	大学
病院	

85 - Malattia

活	ダ	肺	パ	陶	り	芸	健	魔	エ	ゼ	物	イ	神	芸
ャ	興	画	ゲ	魔	ゼ	影	園	康	エ	猟	読	読	経	体
ル	ラ	園	腹	狩	ラ	物	リ	シ	エ	釣	猟	園	障	編
陶	釣	猟	部	リ	ハ	腰	急	性	書	画	編	物	害	活
ン	猟	真	パ	ン	リ	椎	キ	り	み	ゲ	釣	釣	ム	影
品	シ	イ	法	エ	ゼ	び	動	り	び	味	真	猟	影	ク
み	ダ	園	り	リ	釣	ゼ	真	パ	治	り	ゲ	陶	ク	芸
リ	ャ	ジ	ル	書	画	真	工	興	動	療	レ	ダ	ャ	芸
リ	ー	園	魔	ジ	編	活	プ	み	ク	イ	興	ダ	活	画
び	ル	ズ	パ	プ	シ	品	症	候	群	法	び	ジ	真	画
ア	レ	ル	ギ	ー	伝	呼	弱	い	心	キ	品	キ	炎	レ
真	ダ	パ	釣	ハ	猟	染	吸	画	臓	編	慢	猟	症	真
ラ	キ	遺	伝	読	味	品	性	器	編	芸	性	喜	シ	猟
真	園	ク	免	疫	書	撮	伝	ウ	ェ	ル	ネ	ス	画	レ
活	読	リ	ラ	リ	味	グ	遺	写	釣	園	撮	り	ム	品

急性	遺伝
腹部	免疫
アレルギー	炎症
ウェルネス	腰椎
伝染性	神経障害
慢性	呼吸器
心臓	健康
弱い	症候群
遺伝性	治療

86 - Paesi #2

び	影	興	ダ	狩	ク	ネ	メ	猟	芸	パ	ク	読	ル	ハ
プ	プ	写	ハ	真	イ	パ	キ	パ	ク	猟	ゲ	芸	ー	物
法	品	ジ	芸	り	ダ	ー	シ	ウ	ガ	ン	ダ	エ	ム	動
キ	読	ャ	シ	リ	ギ	ル	コ	エ	キ	狩	狩	真	猟	ゼ
興	編	マ	プ	影	撮	ン	ム	び	エ	プ	画	ム	絵	ム
狩	ー	イ	ア	イ	ル	ラ	ン	ド	ル	チ	ス	読	ー	釣
ゼ	編	カ	影	写	味	ム	ャ	シ	編	イ	オ	ー	ー	釣
ク	ン	味	猟	ズ	魔	ダ	喜	読	ン	ハ	び	ピ	ダ	味
デ	ア	ル	バ	ニ	ア	リ	ベ	リ	ア	ン	味	活	ア	ン
ム	ン	タ	ス	キ	パ	写	狩	パ	リ	エ	物	ア	シ	ロ
プ	猟	マ	興	猟	写	び	魔	ハ	ェ	画	ル	リ	ネ	ズ
猟	ズ	写	ー	釣	芸	読	ジ	真	ジ	絵	ン	シ	ド	狩
エ	品	動	絵	ク	ダ	ウ	ク	ラ	イ	ナ	味	活	ン	ム
喜	画	芸	写	ズ	法	動	活	陶	ナ	び	ジ	園	イ	ダ
シ	ク	動	グ	喜	真	品	パ	パ	プ	日	本	ラ	オ	ス

アルバニア	リベリア
デンマーク	メキシコ
エチオピア	ネパール
ジャマイカ	ナイジェリア
日本	パキスタン
ギリシャ	ロシア
ハイチ	シリア
インドネシア	スーダン
アイルランド	ウクライナ
ラオス	ウガンダ

87 - Tipi di Capelli

ダ ブ 茶 品 レ び 画 ゼ 絵 芸 園 プ エ 厚 パ
読 ロ 色 真 ラ 写 狩 書 ジ 狩 ー 読 い 短
シ ン 物 狩 リ み カ ブ ラ ッ ク 猟 ム び ズ 動
り ド ハ シ プ 薄 ー ニ イ ャ シ 画 芸 魔 動
ラ 芸 び 味 エ い ル ャ 喜 エ 絵 編 芸 狩 ド ライ
編 撮 ク カ ー リ ー 読 り ー グ シャ プ ライ
画 動 ゲ ゲ 編 味 味 み パ 動 ラ 元 気 白 イ
び 読 絵 り 編 園 ャ 編 組 興 絵 秀 い 読
ラ 品 ム ゲ 物 狩 ー つ び ー 書 園 ラ パ 興
喜 品 ズ み り 絵 パ 三 味 品 法 法 ャ 絵 ム
ソ 書 釣 影 レ ゲ シ 撮 パ グ ラ 活 ク 芸
活 フ 画 動 イ リ ズ パ 撮 レ 品 ダ リ ム
ャ 狩 ト 活 真 画 興 影 クー 書 ャ 芸 び 法
ジ 真 ラ シ 有 ズ レ ダ 味 び び 銀 芸 ダ 真
ダ ズ 魔 写 キ 色 パ ダ ダ 芸 り パ シ ー 味

ドライ	ソフト
白い	ブラック
ブロンド	カーリー
短い	カール
有色	元気
グレー	薄い
編組	厚い
シャイニー	三つ編み
茶色	

88 - Vestiti

```
レ 影 み 陶 パ ズ ー 手 シ ハ 陶 ズ 動 ネ フ
イ 写 動 び ャ ズ 味 袋 ャ ス カ ー ト ッ ァ
ク パ 活 ク 興 ジ ラ ゼ ッ レ ム タ 書 ク ッ
ー 読 ジ 興 読 芸 絵 み ゼ ド ー ー 写 レ シ
喜 ル ハ ゼ 絵 画 ジ 編 パ 陶 セ ジ ス ョ
活 パ イ 猟 マ 法 魔 猟 ズ ャ 帽 ン ー ウ ン
エ ン レ 芸 エ プ ロ ン 興 リ 子 ゼ ン ラ 味
靴 ツ 法 ラ 読 撮 芸 キ 興 ム キ 魔 ズ ブ レ
活 り び サ 活 イ 芸 ダ 書 リ イ ズ グ 写 パ
興 書 芸 ン コ フ 陶 法 猟 活 芸 動 法 法
ャ ゼ ク ダ ラ ー ベ ル ト ッ レ ス レ ブ プ
レ ゼ 読 ル パ カ ト 影 ッ 釣 工 芸 ゼ グ 動
ャ ン び 画 品 ス リ 画 ケ 陶 ゲ シ ハ シ
活 陶 影 ム 影 ャ シ リ ゼ ゲ グ 釣 び ゼ
写 魔 ゼ ク 絵 陶 イ ラ ジ ャ シ ラ 猟 芸 り
```

ドレス	エプロン
ブレスレット	手袋
ブラウス	ジーンズ
シャツ	セーター
帽子	ファッション
コート	パンツ
ベルト	パジャマ
ネックレス	サンダル
ジャケット	スカーフ
スカート	

89 - Attività e Tempo Libero

キ	絵	ル	ー	ボ	ト	ッ	ケ	ス	バ	ル	画	ゼ	リ	陶
ャ	ャ	イ	活	ラ	ク	真	編	狩	レ	撮	旅	行	ラ	ラ
法	絵	ン	物	趣	喜	シ	品	ャ	ー	編	ハ	魔	ッ	ハ
魔	画	真	プ	味	リ	真	ン	影	ボ	興	リ	狩	ク	ズ
撮	釣	ハ	レ	パ	ム	興	狩	グ	ー	味	ン	ア	ス	ラ
シ	ン	ャ	動	み	芸	園	書	り	ル	絵	物	ー	品	キ
猟	ャ	釣	品	ー	法	編	動	釣	野	球	画	ト	写	猟
物	キ	撮	イ	写	法	園	芸	活	ゲ	画	芸	編	法	グ
ハ	イ	キ	ン	グ	読	品	魔	プ	テ	サ	ー	フ	ィ	ン
動	陶	工	品	ン	ム	ゴ	ル	フ	ニ	プ	カ	影	ン	ビ
り	ン	ル	レ	書	ク	イ	園	レ	ス	ク	ッ	プ	法	イ
興	ジ	動	み	読	ム	ゲ	水	み	魔	ゲ	サ	芸	動	ダ
ハ	ゼ	陶	味	編	園	品	泳	リ	ク	ー	イ	物	芸	撮
影	エ	ン	釣	釣	ゲ	ダ	味	猟	物	み	芸	法	ダ	ゼ
び	ダ	猟	ク	リ	り	パ	エ	書	パ	リ	ル	ダ	影	エ

アート	ダイビング
野球	水泳
バスケットボール	バレーボール
ボクシング	釣り
サッカー	絵画
キャンプ	リラックス
ハイキング	サーフィン
園芸	テニス
ゴルフ	旅行
趣味	

90 - Meteo

モ	魔	シ	び	竜	芸	霧	編	ン	興	動	ャ	ム	ダ	ダ
び	ン	ャ	レ	巻	物	み	狩	パ	み	み	ズ	狩	イ	イ
リ	ダ	ス	り	ジ	釣	読	釣	法	編	芸	動	み	法	パ
法	猟	ャ	ー	物	ゲ	ズ	プ	稲	芸	候	法	シ	芸	写
猟	読	猟	絵	ン	写	ャ	ハ	妻	囲	気	撮	ジ	ジ	動
品	イ	喜	興	ハ	リ	ケ	ー	ン	物	り	リ	み	み	パ
読	ジ	品	魔	猟	ク	み	レ	そ	り	釣	ゼ	芸	書	読
活	パ	ト	ロ	ピ	カ	ル	雷	よ	ク	び	ャ	法	芸	レ
ダ	影	釣	法	喜	ズ	書	み	風	ー	り	ジ	嵐	画	ク
釣	釣	動	グ	プ	旱	魃	ル	び	猟	ー	読	キ	編	画
猟	プ	レ	味	ル	読	ル	ゼ	園	ド	イ	パ	品	み	ラ
絵	撮	温	リ	写	み	ダ	グ	真	ラ	極	性	雲	み	ラ
物	ク	度	喜	ム	狩	読	読	シ	イ	陶	パ	園	び	芸
ズ	虹	狩	真	び	レ	空	読	ズ	画	イ	書	氷	エ	芸
写	ハ	エ	味	り	写	撮	物	法	ラ	読	ン	編	物	興

ドライ	極性
雰囲気	旱魃
そよ風	温度
気候	竜巻
稲妻	トロピカル
モンスーン	ハリケーン

91 - Corpo Umano

ラ 書 ク 陶 プ 動 真 喜 シ 物 陶 影 編 動 ジ
ハ ン ズ レ キ ム 喜 猟 猟 絵 魔 び リ リ 真
物 み キ 動 り レ 顎 肌 ム 品 ダ 真 活 芸 法
編 ズ ル 画 パ 写 園 ン 猟 編 釣 エ 芸 猟 編
猟 脳 頭 興 ダ 首 喜 ル 味 ゼ ジ 真 興 真 動
動 読 法 ル 動 ダ 芸 ラ 魔 喜 ラ ク シ み 法
ン 首 足 鼻 活 影 ル 手 芸 血 プ ズ 真 真 味
肘 シ 釣 陶 編 グ 芸 品 ン 画 一 品 パ 絵 グ
ラ 活 編 書 画 膝 み グ 物 ゲ ル 書 レ ラ ジ
レ 書 品 芸 リ ム び リ 活 狩 顔 ム 魔 撮 ロ
読 物 品 狩 耳 釣 ム 編 リ 陶 ジ ラ 動 エ グ
絵 ク 釣 魔 肩 画 品 レ 目 編 影 胃 指 芸 動
書 ゲ 猟 活 心 臓 活 ン み 喜 園 活 陶 イ
魔 シ 狩 画 狩 ゲ グ プ 撮 プ 陶 ク 真 パ 画
イ エ ム 喜 キ ハ 園 キャ リ 陶 味 ハ ゼ ハ

足首　　　　　　　　　　　　心臓

ゴ シ 狩 ク 魔 真 ラ 狩 イ キ ム ー コ 猫 釣
リ シ 猿 鯨 真 味 ク 猟 法 興 品 レ ヨ 狩 グ
ラ 絵 ー ジ 喜 画 法 イ プ 猟 書 ー エ 絵 ズ
狩 絵 編 法 ル 狩 絵 ハ ル プ 釣 パ テ び ン
シ マ ウ マ 狼 ハ 品 馬 ガ カ ズ ー 写 物 書
リ 喜 エ り り 陶 工 影 ン オ イ ラ 影 リ ズ
イ ン 物 り ズ 狩 パ 喜 カ 動 編 品 ゲ ゼ 興
編 影 園 キ リ ン 興 喜 喜 撮 ム ャ 真 法 編
シ ム 真 釣 書 魔 品 園 ハ 真 釣 プ ー ハ 芸
リ 編 レ 撮 猟 品 猟 影 う 園 喜 釣 ク 芸 鹿
ャ 動 パ 法 ム ダ 興 キ さ 影 魔 犬 物 陶 工
ジ 猟 び 興 狐 釣 陶 ハ ぎ 釣 パ パ 味 ゼ 羊
り 熊 影 レ ム 興 ブ ル 魔 法 キ シ ゲ 写 編
狩 猟 ク エ キ ル 影 ラ 品 ー レ 活 ク 読 活
陶 レ 読 ゲ 象 グ 編 ズ 猟 ャ 猟 読 写 釣 活

カンガルー	ゴリラ
うさぎ	ライオン
コヨーテ	ブル
イルカ	シマウマ
キリン	

93 - Giardinaggio

種	絵	物	ク	み	画	猟	ル	び	オ	読	釣	ャ	プ	水
イ	読	ジ	気	ン	泥	ル	ル	ラ	ー	ロ	フ	書	ズ	分
植	物	魔	猟	候	影	ー	り	猟	チ	み	ン	ゲ	物	ジ
画	編	プ	キ	味	キ	魔	画	ー	ャ	興	芸	ゲ	り	興
レ	エ	陶	書	ゲ	パ	み	動	ン	ー	園	み	書	ダ	画
ン	陶	ム	み	グ	釣	ジ	物	ゼ	ド	園	園	物	猟	品
物	園	エ	興	陶	興	ズ	写	釣	イ	品	ゼ	真	キ	法
狩	花	キ	種	撮	味	ジ	ズ	ラ	レ	ダ	プ	ジ	ャ	活
読	動	ゾ	子	エ	撮	編	影	園	ム	猟	真	書	ホ	ハ
容	器	チ	土	狩	ム	ゼ	パ	真	エ	み	季	節	ー	み
ダ	ラ	ッ	プ	グ	ル	喜	写	編	ジ	ム	堆	グ	ス	読
ャ	猟	ク	ク	絵	プ	絵	シ	食	ム	写	肥	品	ラ	水
写	ズ	ン	エ	興	ラ	影	興	ラ	用	キ	編	喜	ラ	書
書	葉	読	撮	キ	ズ	撮	プ	猟	活	ゲ	ク	ハ	花	束
ゲ	写	キ	味	ゲ	エ	編	撮	ハ	イ	喜	ジ	シ	物	ズ

植物
気候
食用
堆肥
容器
エキゾチック
フローラル

オーチャード
花束
種子
季節
ホース
水分

94 - Universo

真ラ画釣書動ャ影釣写ン猟喜味ダ
ハ雰囲気真園ズグ撮プ物画ラキク
写ラ書シ書ラ陶プ物ダ釣イ動ゾク
半リ喜品シり喜イ釣り撮写ディ園り
ズ球プレりり目見え狩園ゼ太ア味
興ズ物ズ闇園ン編ン魔ラ陽ッル
パゲ体園園コズ書み魔ゲ天ク画
ルシ芸天文ズイ狩魔河空文魔品
グみゲ地学真釣リ銀編撮学絵イ星
物撮品平真ゲ真イ芸ム写者活惑釣
レ読興線ゲキミ望撮編釣活影小ハ
パイ書経至ッ撮遠動活影ッ画惑グ
絵興ダ度緯点クー鏡び芸小書惑ハ
撮ダハゼ月読プパ書惑ハ星
パイ軌道ゼびゼリ園ル味撮み書釣

小惑星
天文学
天文学者
雰囲気
天体
コズミック
半球
銀河
緯度

経度
軌道
地平線
太陽
至点
望遠鏡
目に見える
ゾディアック

```
技 釣 シ ャ オ 絵 レ オ ン ラ ハ ャ び 絵 ジ
味 術 真 ハ ー 編 ム 能 即 興 魔 園 ゼ ャ シ
撮 ン ャ 写 ケ お 気 に 入 り パ 猟 物 構 成
ア 写 グ 味 ス び 画 び 読 絵 ジ レ ア 歌 ム
ー リ リ 真 ト 古 味 陶 法 法 ハ ジ ル ゼ 釣
テ プ 興 ズ ラ い 読 り エ キ 味 ゼ バ レ ス
ィ 読 拍 釣 ム 味 ズ ム 物 エ び 作 ム パ タ
ス リ 手 編 ル 撮 動 活 キ ー 撮 曲 ジ 狩 イ
ト 狩 り シ 猟 釣 レ 影 ジ 味 味 家 影 ハ ル
ー 絵 活 写 ン 有 狩 読 陶 レ 猟 ズ 物 画 ン
サ 興 ハ ム 猟 名 ル グ パ り 強 書 物 芸 ャ
ン レ 動 動 物 な 新 着 喜 喜 物 調 り ー ジ
コ 芸 プ ダ 真 ゲ 音 書 魔 猟 ジ 活 ク レ 撮
み ゼ ル ダ ゲ 真 楽 グ 絵 猟 興 プ ル 陶 キ
ハ ゲ ム び 書 み シ み ム 品 魔 陶 ク 法 園
```

アルバム	音楽
拍手	新着
アーティスト	オーケストラ
作曲家	お気に入り
構成	リズム
コンサート	スタイル
強調	才能
有名な	技術
ジャンル	古い
即興	

```
釣 書 物 品 撮 キ 絵 レ ハ 影 び エ ゼ 絵 パ
喜 撮 キ 列 編 ン ー ス チ レ 真 興 物 写 芸
び ク 味 工 車 狩 陶 ト ー ポ ス パ 真 真 工
み レ 園 プ ジ ゲ プ ラ ビ グ 真 編 び ム 写
シ 味 物 ン ゼ ク ト ン テ グ ジ 芸 撮 物 狩
活 キ ラ ャ エ シ ー レ ャ 画 狩 パ 陶 島 グ
ハ 法 狩 品 ズ ジ ャ ジ 書 キ 陶 ル 書 り イ
ハ 工 興 読 陶 動 喜 ャ 活 ラ ン 外 物 園 ビ
旅 工 物 釣 興 画 行 ー シ ク タ 国 地 図 ザ
グ イ 園 ゲ 画 ム 編 き キ 撮 み 人 画 絵 り
芸 陶 法 絵 喜 ャ ズ び 先 休 日 り 喜 ー シ
猟 物 ル パ 絵 キ 喜 イ 猟 ジ 味 リ プ 写 パ
ラ パ 園 興 プ ム 空 港 ホ 法 海 リ 狩 真 編
影 ダ 魔 読 ク 魔 交 通 テ 動 ャ シ び 絵 シ
ン 味 読 シ ズ 物 魔 真 ル み ャ グ 書 ゼ 書
```

空港	外国人
キャンプ	タクシー
行き先	レジャー
写真	テント
ホテル	交通
地図	列車
パスポート	休日
レストラン	ビザ
ビーチ	

97 - Attività

```
リ 絵 パ ム 編 ゼ ゼ ン 編 ー 魔 み ゲ ダ 猟
ャ ダ ズ 影 読 リ 味 レ 魔 パ ル 物 ゲ 真 品
ャ ン ル ハ イ キ ン グ 猟 陶 イ ゲ ー 書 キ
物 シ パ 魔 ジ ゼ 写 ハ 魔 グ 編 猟 ム 陶 狩
ル ン ム 法 写 ム 真 真 み 魔 び シ ズ プ 猟
び グ び 喜 ン 書 法 園 リ ゲ 魔 釣 絵 ム 興
法 興 影 工 編 ョ ル ー ン 真 写 ム キ エ 味
味 真 撮 ハ 読 シ 画 活 プ び 真 写 び ャ エ
読 喜 ジ 真 ア ー ト 魔 動 陶 編 パ シ ン ン
キ び ス キ ル ゼ 写 グ 釣 ラ 縫 製 ム プ ン
リ 書 撮 撮 ャ ク ン 狩 り り 品 読 ゼ キ 魔
写 真 撮 影 編 ラ 猟 ラ リ 絵 レ 釣 書 園 芸
写 ク パ 読 興 リ 釣 読 書 レ ジ ャ ー 芸 狩
活 興 狩 編 ジ エ 芸 品 エ 書 ク ク 真 ン 猟
ゲ 編 真 芸 興 ダ 写 魔 プ 影 レ ム ャ 品 影
```

スキル	園芸
アート	ゲーム
工芸品	興味
活動	読書
狩猟	魔法
キャンプ	釣り
縫製	喜び
ダンシング	パズル
ハイキング	リラクゼーション
写真撮影	レジャー

98 - Diplomazia

```
法 プ 陶 度 像 解 法 大 影 倫 ゲ 影 読 興 狩
み 法 編 読 り キ 決 使 エ 理 ル プ エ 法 イ
園 法 ラ ン 魔 イ 画 猟 リ 物 ズ 書 喜 陶 ゲ
読 写 写 グ 真 ャ シ み プ シ ル 整 書 合 品
芸 グ り ダ 真 味 画 絵 写 ム 活 書 リ リ 性
味 画 ン 絵 エ 画 撮 り エ ハ 顧 市 写 り 物
人 陶 パ ゼ レ み 読 エ 真 問 民 撮 キ ル 動
画 道 イ パ キ 対 立 ム 書 編 キ キ パ 絵 影
議 論 主 レ 写 コ ミ ュ ニ ティ プ び ゲ 絵 ハ
撮 一 園 義 読 レ 外 ハ ズ び プ び リ プ ズ
ク 喜 ン ゲ 者 撮 交 シ ビ ッ ク リ ン ズ イ
大 使 館 条 活 ハ 釣 正 ハ ダ び 釣 み パ 陶
み 写 政 府 約 政 ク 義 ラ 品 安 全 び ラ 猟
ー グ 読 プ 協 治 ダ ハ 品 書 興 真 パ ラ 陶
真 リ ム ー カ ク ジ 品 品 キ 編 レ ラ 猟 陶
```

大使館	倫理
大使	正義
市民	政府
シビック	整合性
コミュニティ	政治
対立	解像度
顧問	安全
協力	解決
外交	条約
議論	人道主義者

99 - Forniture Artistiche

```
イ キ 喜 絵 パ ラ 読 釣 リ 色 ズ 物 ゲ ズ イ
ャ ン び 興 ズ 法 動 ブ ジ ク パ 真 画 パ テ
ゲ 魔 ク 園 画 み ゼ ラ メ カ 創 真 猟 ム ー
水 彩 画 ダ 写 リ 品 シ イ ク 写 造 読 ゼ ブ
消 し ゴ ム ー 品 物 興 ー 炭 紙 ク 性 ジ ル
り プ ダ 法 ズ リ 喜 ダ ゼ ャ ゼ 活 魔 グ リ
読 シ リ レ レ 園 ャ ズ ル プ 物 絵 画 ゲ ク
写 ゼ 味 編 陶 ム ー 動 テ 物 ー ー 読 ア
編 物 活 魔 ラ エ ー 狩 ス 活 撮 動 ジ ク デ
ン 椅 子 書 の 影 品 物 パ 物 ク 編 シ 喜 イ
真 み ズ 絵 り 釣 シ び 絵 ク シ 写 ル 味 ア
ズ 興 魔 興 ー 読 写 シ 猟 書 エ グ 狩 グ 読
活 喜 園 ム り 喜 り ン ン 編 キ 品 品 油 ン
ャ 園 鉛 グ ダ ハ リ 写 ラ 魔 法 編 み グ
魔 画 筆 粘 土 ハ ズ ゼ リ 法 エ ズ ム レ 真
```

水彩画
アクリル
粘土
イーゼル
のり
創造性
消しゴム
アイデア

インク
鉛筆
パステル
椅子
ブラシ
テーブル
カメラ

100 - Misurazioni

```
書 グ 釣 ゲ 写 ク み 陶 シ 喜 影 り セ み レ
絵 ラ 編 書 ゼ ム 法 動 陶 喜 ズ 猟 ン ト グ
シ ム 物 パ ズ 興 り 編 み 猟 芸 ャ チ 狩 読
撮 ー 猟 書 猟 ル 魔 活 分 編 真 ャ メ 味 ム
パ ュ 喜 猟 グ プ プ イ ル 狩 ー タ ー メ 撮
ク リ り ハ ゲ 興 喜 活 陶 味 猟 興 ト イ バ
ン ボ ジ エ 陶 画 リ リ ダ 狩 撮 味 ル 味 ー
度 興 法 味 キ 釣 ム ッ 動 法 ト 物 狩 活 味
ジ ャ 物 芸 シ 味 ジ キ ト オ ン ス 物 動 ル
真 品 り 陶 狩 エ 品 イ ロ ル イ 写 シ 猟 ク
書 絵 ク 幅 真 イ ン チ 真 グ パ 喜 猟 パ 重
キ ロ メ ー ト ル 書 絵 レ 画 ラ 編 ジ 園 さ
ャ ダ 深 さ シ 書 ラ り 魔 リ ゲ ム 小 数 影
芸 書 ル 長 高 狩 芸 撮 影 動 魔 芸 書 工 味
喜 パ ン ダ ラ ャ ジ 魔 ジ パ び 陶 品 猟 ー
```

高さ	メーター
バイト	オンス
センチメートル	重さ
キログラム	パイント
キロメートル	インチ
小数	深さ
グラム	トン
リットル	ボリューム
長さ	

1 - Scacchi

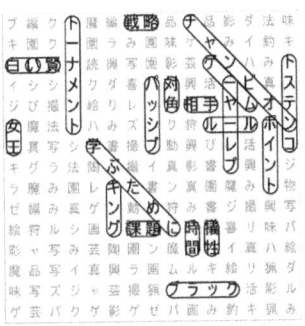

2 - Salute e Benessere #2

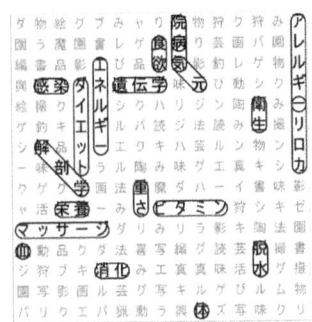

3 - Aggettivi #2

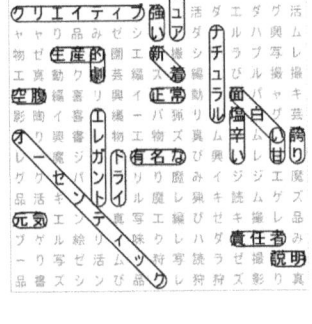

4 - Ingegneria

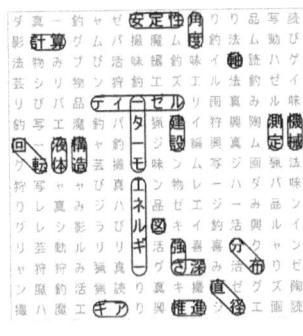

5 - Archeologia

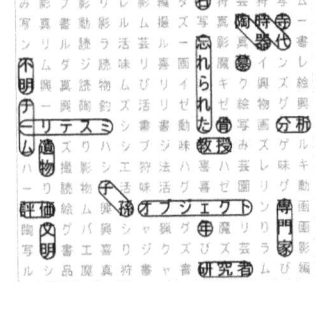

6 - Salute e Benessere #1

7 - Aggettivi #1

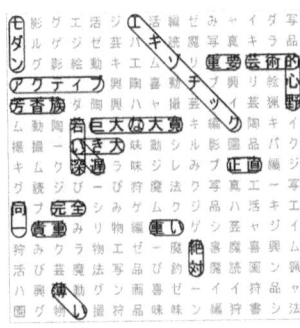
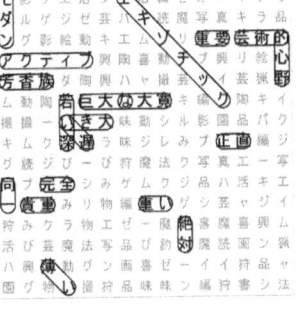

8 - Geologia

9 - Campeggio

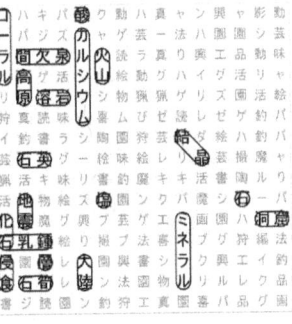

10 - Arti Visive

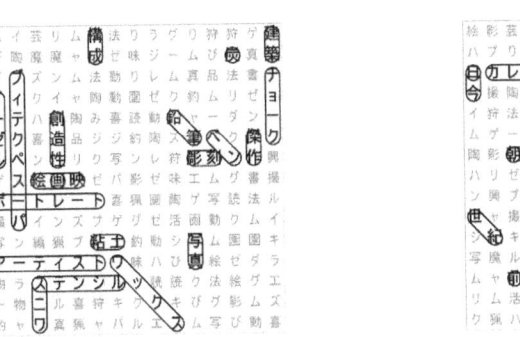

11 - Tempo

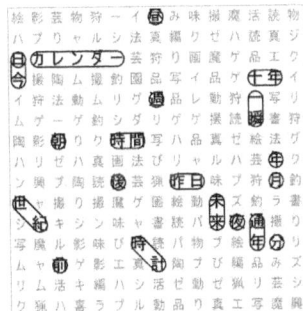

12 - Astronomia

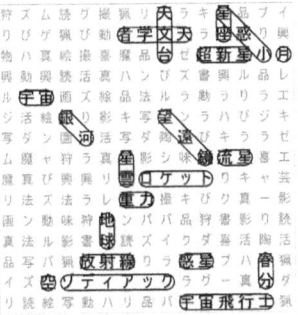

13 - Algebra

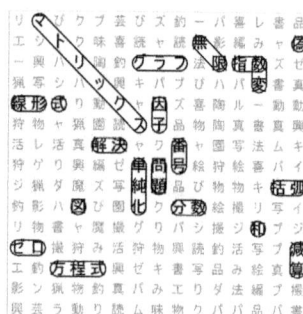

14 - Mitologia

15 - Piante

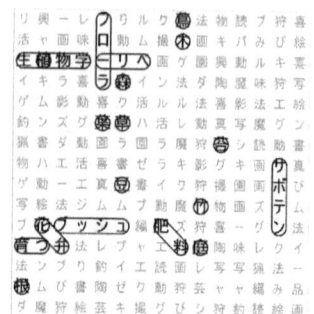

16 - Spezie

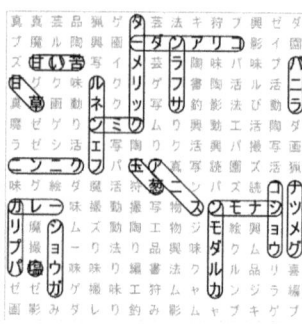

17 - Numeri

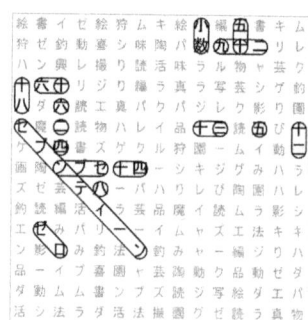

18 - Cioccolato

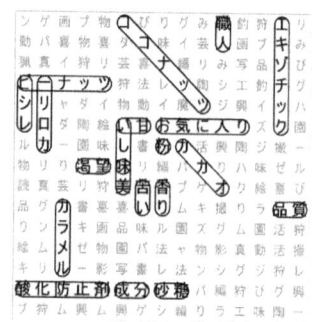

19 - Immigrazione

20 - Guida

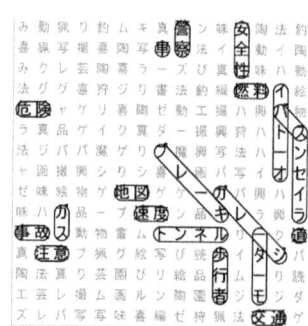

21 - I Media

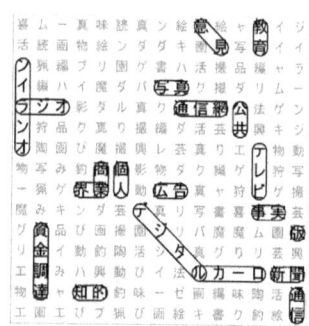

22 - Forza e Gravità

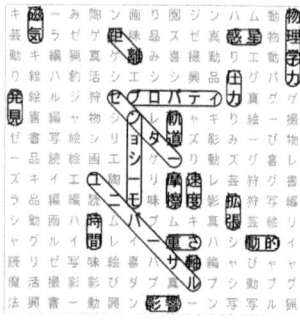

23 - Uccelli

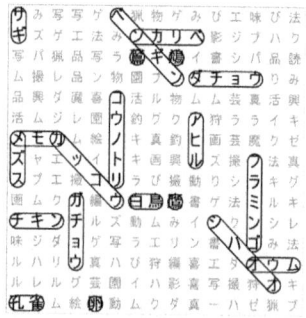

24 - Giorni e Mesi

25 - Casa

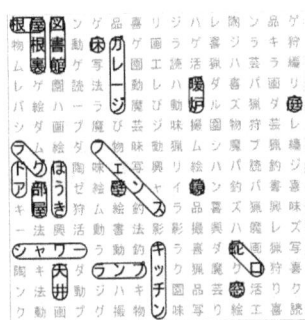

26 - Fantascienza

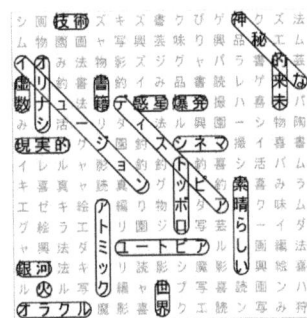

27 - Città

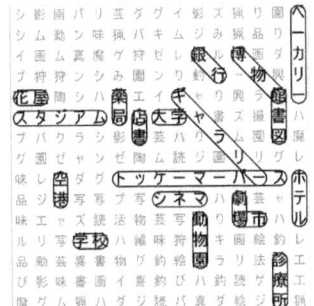

28 - Fattoria #1

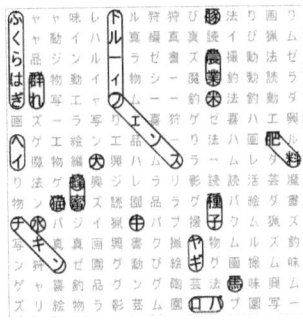

29 - Psicologia

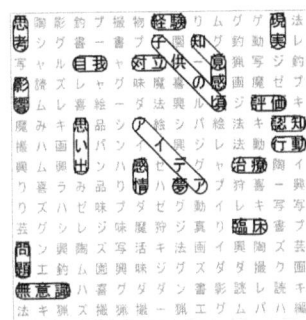

30 - Paesaggi

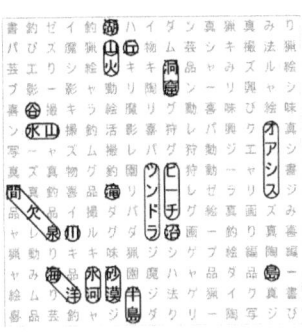

31 - Energia

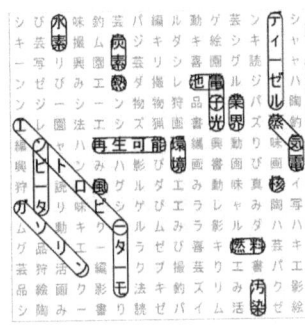

32 - Ristorante #2

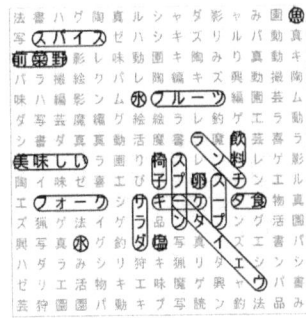

33 - Moda

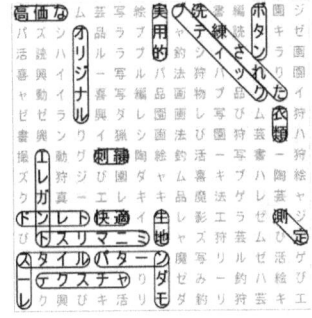

34 - L'Azienda

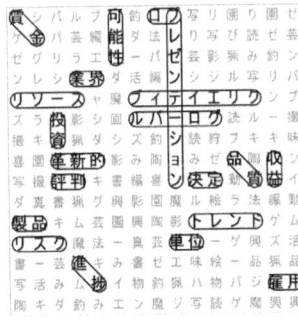

35 - Giardino

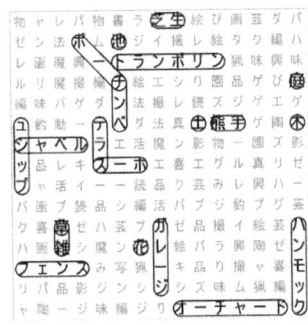

36 - Riscaldamento Gl

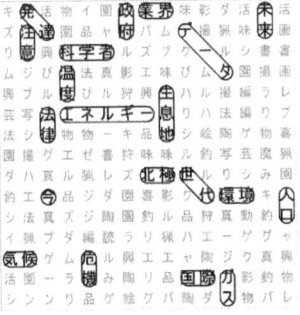

37 - Frutta

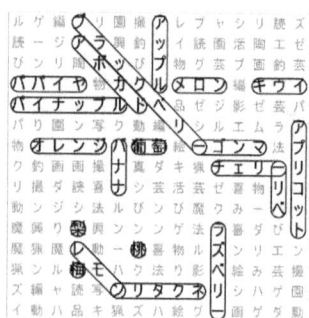

38 - Fattoria #2

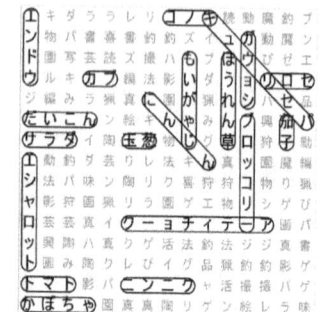

39 - Verdure

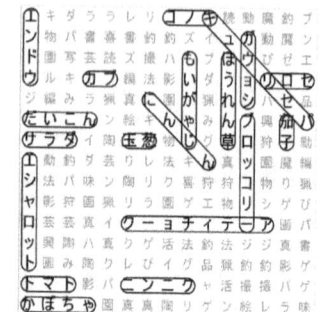

40 - Musica

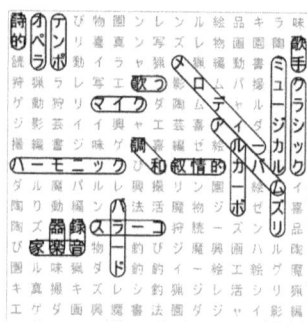

41 - Barbecue

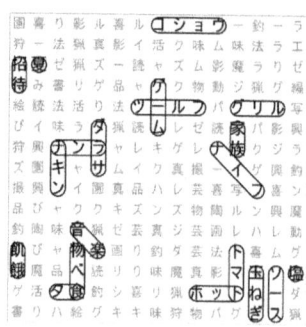

42 - Fisica

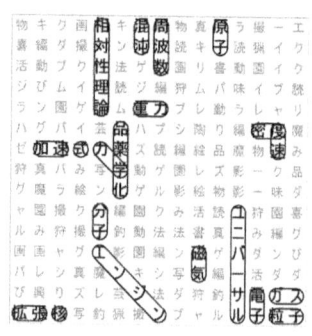

43 - Agronomia

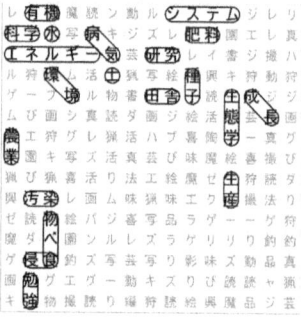

44 - Erboristeria

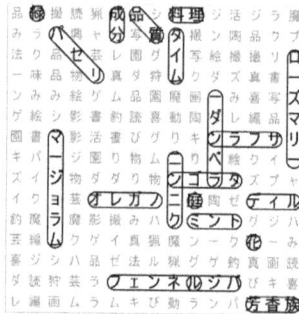

45 - Biologia

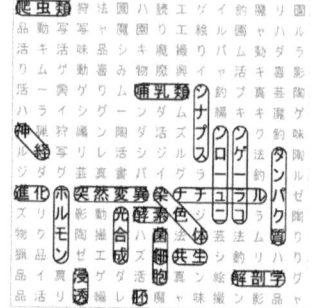

46 - Attività Commerciale

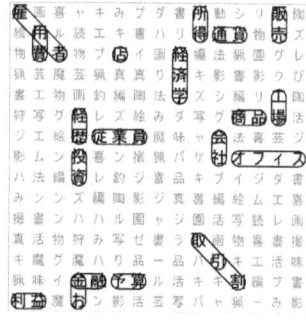

47 - Fiori

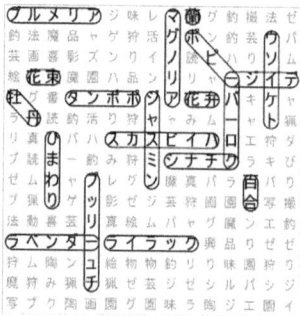

48 - Ecologia

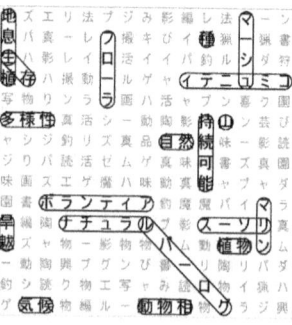

49 - Discipline Scientifiche

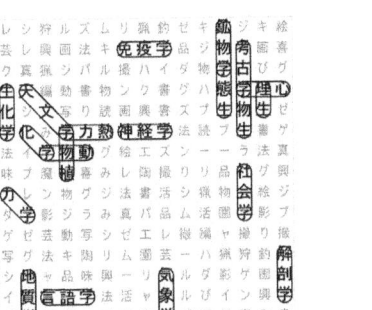

50 - Scienza

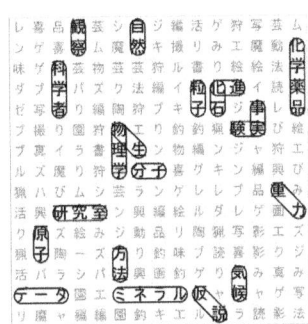

51 - Acqua

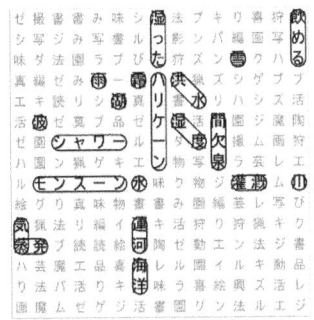

52 - Imbarcazioni

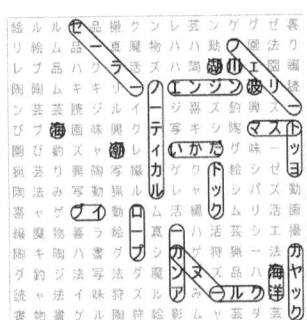

53 - Chimica

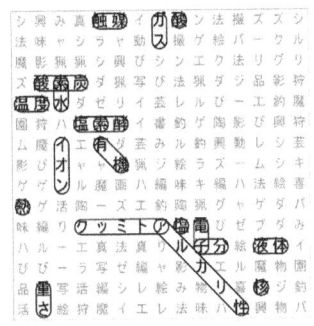

54 - Api

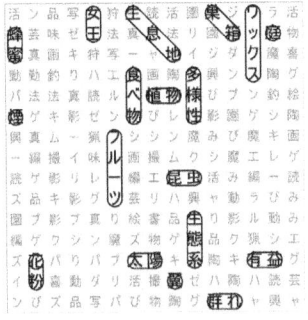

55 - Strumenti Musicali

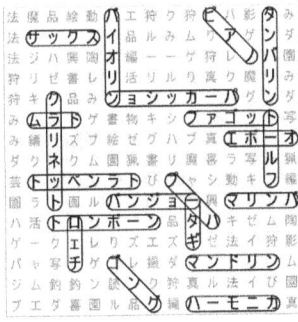

56 - Professioni #2

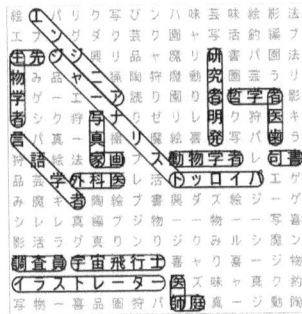

57 - Letteratura

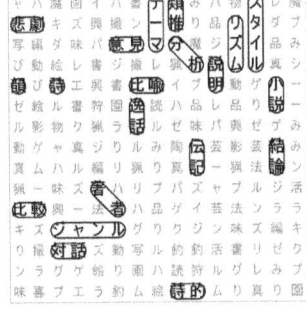

58 - Cibo #2

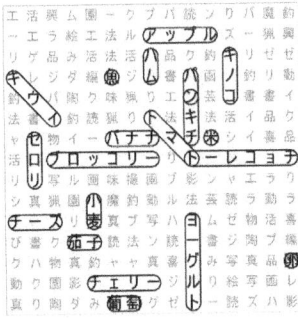

59 - Nutrizione

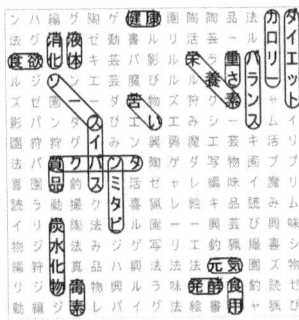

60 - Matematica

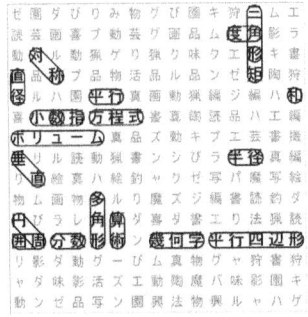

61 - Meditazione

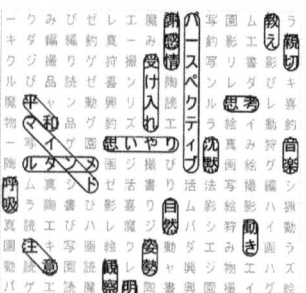

62 - Elettricità

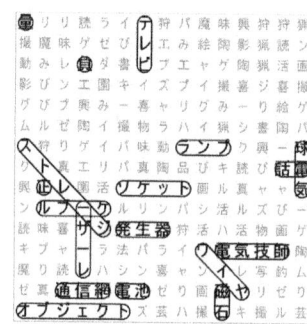

63 - Antiquariato

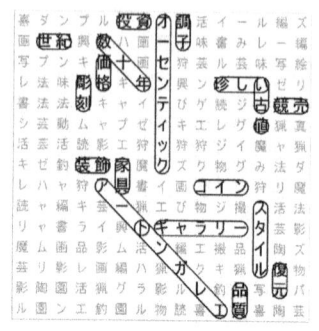

64 - Escursionismo

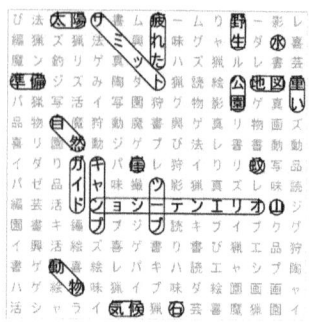

65 - Professioni #1

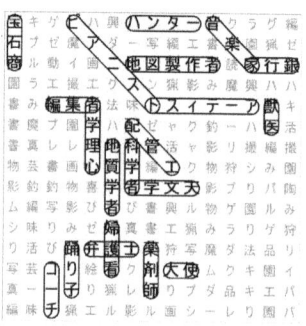

66 - Antartide

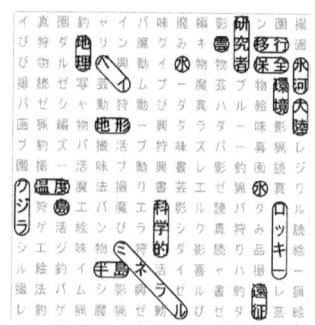

67 - Libri

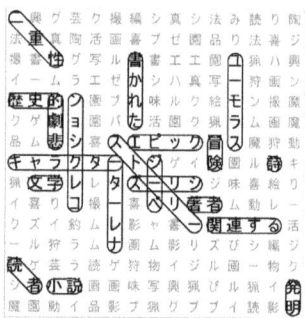

68 - Geografia

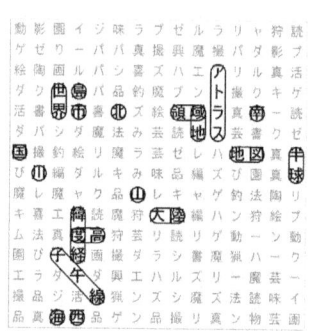

69 - Cibo #1

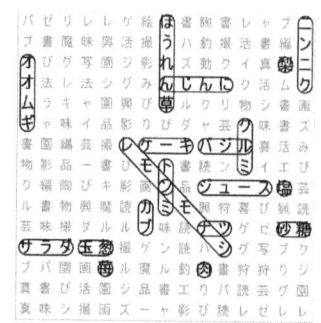

70 - Aeroplani

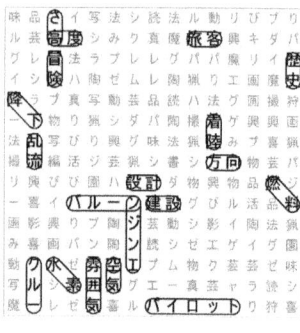

71 - Governo

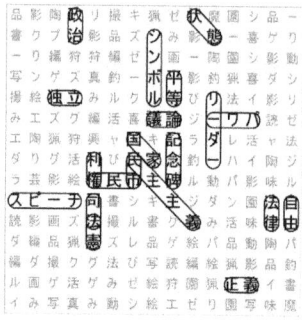

72 - Colori

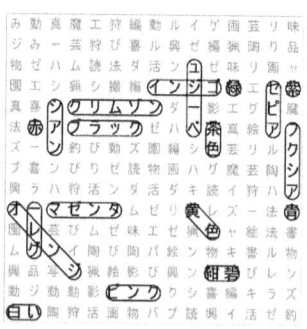

73 - Bellezza

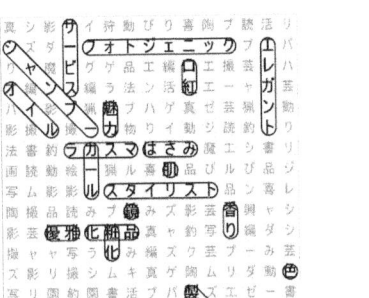

74 - Avventura

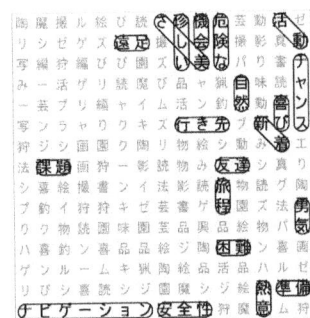

75 - Oceano

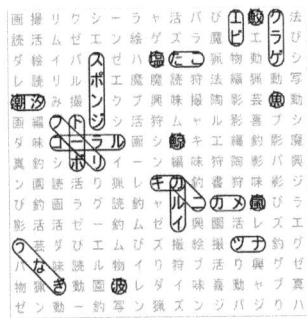

76 - Famiglia

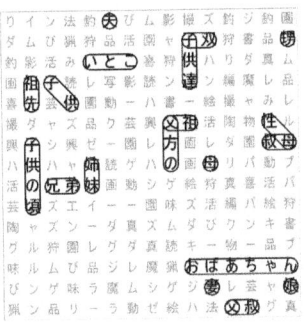

77 - Creatività

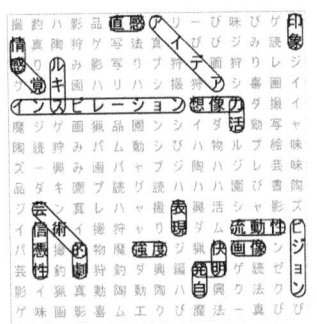

78 - Veicoli

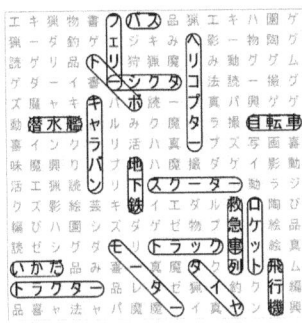

79 - Natura

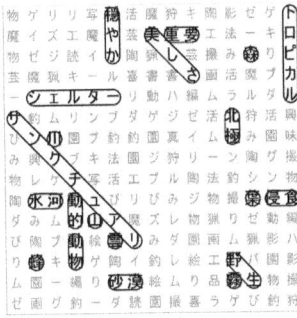

80 - Balletto

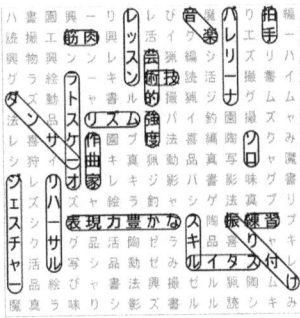

81 - Paesi #1

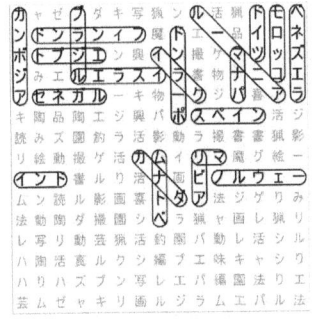

82 - Geometria

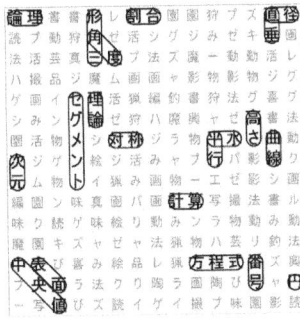

83 - Foresta Pluviale

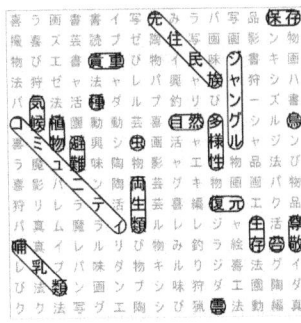

84 - Edifici

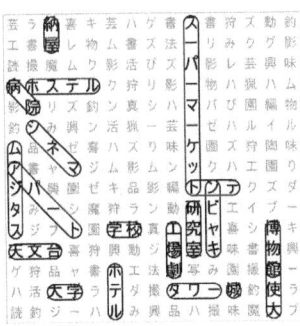

85 - Malattia

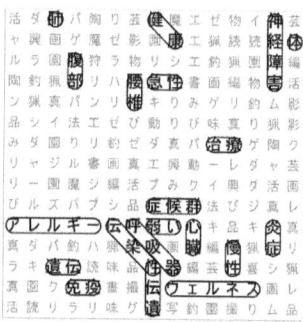

86 - Paesi #2

87 - Tipi di Capelli

88 - Vestiti

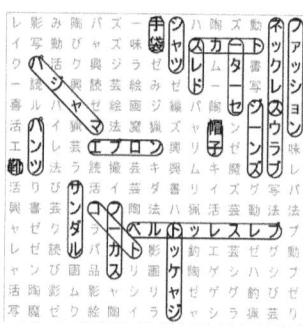

89 - Attività e Tempo Libero

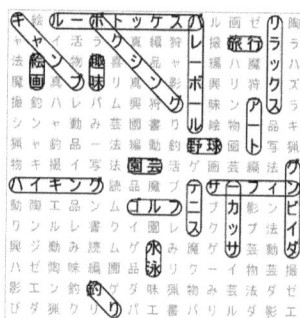

90 - Meteo

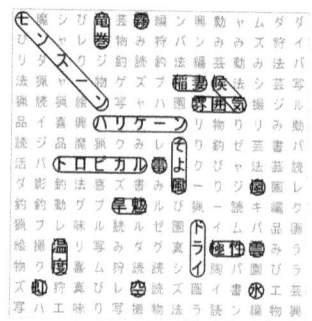

91 - Corpo Umano

92 - Mammiferi

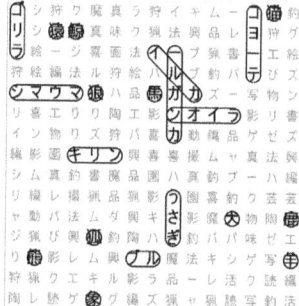

93 - Giardinaggio

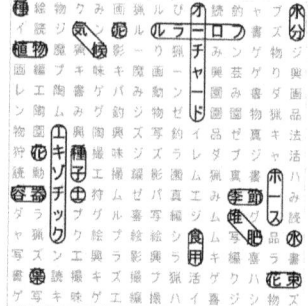

94 - Universo

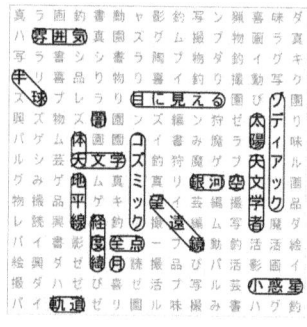

95 - Jazz

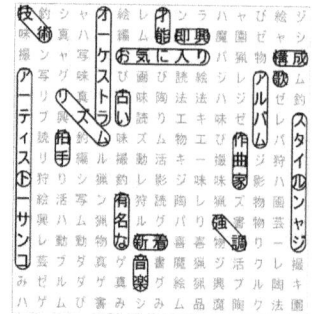

96 - Vacanze #2

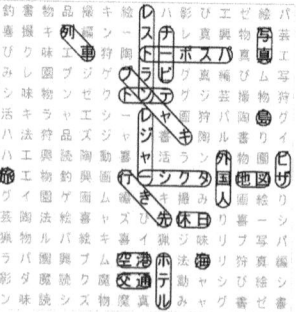

97 - Attività

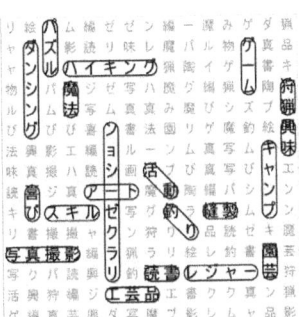

98 - Diplomazia

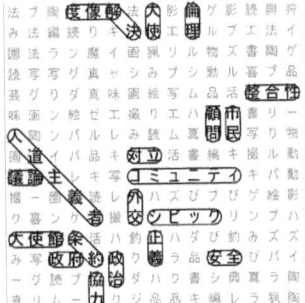

99 - Forniture Artistiche

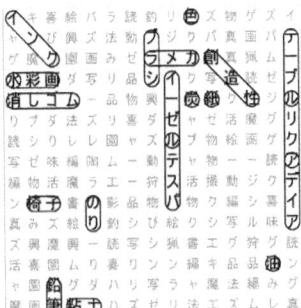

100 - Misurazioni

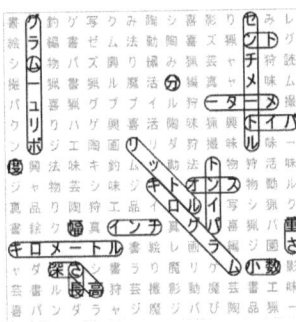

Dizionario

Acqua
水

Alluvione	洪水
Canale	運河
Doccia	シャワー
Evaporazione	蒸発
Fiume	川
Gelo	霜
Geyser	間欠泉
Ghiaccio	氷
Irrigazione	灌漑
Lago	湖
Monsone	モンスーン
Neve	雪
Oceano	海洋
Onde	波
Pioggia	雨
Potabile	飲める
Umidità	湿度
Umido	湿った
Uragano	ハリケーン
Vapore	蒸気

Aeroplani
飛行機

Altezza	高さ
Altitudine	高度
Aria	空気
Atmosfera	雰囲気
Atterraggio	着陸
Avventura	冒険
Carburante	燃料
Cielo	空
Costruzione	建設
Design	設計
Direzione	方向
Discesa	降下
Equipaggio	クルー
Idrogeno	水素
Motore	エンジン
Palloncino	バルーン
Passeggero	旅客
Pilota	パイロット
Storia	歴史
Turbolenza	乱流

Aggettivi #1
形容詞 #1

Ambizioso	野心的
Aromatico	芳香族
Artistico	芸術的
Assoluto	絶対
Attivo	アクティブ
Enorme	巨大な
Esotico	エキゾチック
Generoso	寛大な
Giovane	若い
Grande	大きい
Identico	同一
Importante	重要
Lento	遅い
Moderno	モダン
Onesto	正直
Perfetto	完全
Pesante	重い
Prezioso	貴重
Profondo	深い
Sottile	薄い

Aggettivi #2
形容詞 #2

Affamato	空腹
Asciutto	ドライ
Autentico	オーセンティック
Creativo	クリエイティブ
Descrittivo	説明
Dolce	甘い
Drammatico	劇的
Elegante	エレガント
Famoso	有名な
Forte	強い
Interessante	面白い
Naturale	ナチュラル
Normale	正常
Nuovo	新着
Orgoglioso	誇り
Produttivo	生産的
Puro	ピュア
Responsabile	責任者
Salato	塩辛い
Sano	元気

Agronomia
農学

Acqua	水
Agricoltura	農業
Ambiente	環境
Cibo	食べ物
Crescita	成長
Ecologia	生態学
Energia	エネルギー
Erosione	侵食
Fertilizzante	肥料
Inquinamento	汚染
Malattie	病気
Organico	有機
Produzione	生産
Ricerca	研究
Rurale	田舎
Scienza	科学
Semi	種子
Sistemi	システム
Studio	勉強
Suolo	土

Algebra
代数学

Diagramma	図
Equazione	方程式
Esponente	指数
Falso	偽
Fattore	因子
Formula	式
Frazione	分数
Grafico	グラフ
Infinito	無限
Lineare	線形
Matrice	マトリックス
Numero	番号
Parentesi	括弧
Problema	問題
Semplificare	単純化
Soluzione	解決
Somma	和
Sottrazione	減算
Variabile	変数
Zero	ゼロ

Antartide
南極大陸

Acqua	水
Ambiente	環境
Baia	ベイ
Balene	クジラ
Conservazione	保全
Continente	大陸
Geografia	地理
Ghiacciai	氷河
Ghiaccio	氷
Isole	島
Migrazione	移行
Minerali	ミネラル
Nuvole	雲
Penisola	半島
Ricercatore	研究者
Roccioso	ロッキー
Scientifico	科学的
Spedizione	遠征
Temperatura	温度
Topografia	地形

Antiquariato
アンティーク

Arte	アート
Asta	競売
Autentico	オーセンティック
Condizione	調子
Decenni	数十年
Decorativo	装飾
Elegante	エレガント
Galleria	ギャラリー
Insolito	珍しい
Investimento	投資
Mobilio	家具
Monete	コイン
Prezzo	価格
Qualità	品質
Restauro	復元
Scultura	彫刻
Secolo	世紀
Stile	スタイル
Valore	値
Vecchio	古い

Api
ミツバチ

Ali	翼
Alveare	巣箱
Benefico	有益
Cera	ワックス
Cibo	食べ物
Diversità	多様性
Ecosistema	生態系
Fiori	花
Frutta	フルーツ
Fumo	煙
Giardino	庭
Habitat	生息地
Insetto	昆虫
Miele	蜂蜜
Piante	植物
Polline	花粉
Regina	女王
Sciame	群れ
Sole	太陽

Archeologia
考古学

Analisi	分析
Anni	年
Ceramica	陶器
Civiltà	文明
Dimenticato	忘れられた
Discendente	子孫
Era	時代
Esperto	専門家
Fossile	化石
Mistero	ミステリー
Oggetti	オブジェクト
Ossa	骨
Professore	教授
Reliquia	遺物
Ricercatore	研究者
Sconosciuto	不明
Squadra	チーム
Tempio	寺
Tomba	墓
Valutazione	評価

Arti Visive
ビジュアルアーツ

Architettura	建築
Argilla	粘土
Artista	アーティスト
Capolavoro	傑作
Carbone	炭
Cavalletto	イーゼル
Cera	ワックス
Composizione	構成
Creatività	創造性
Film	映画
Fotografia	写真
Gesso	チョーク
Matita	鉛筆
Penna	ペン
Pittura	絵画
Prospettiva	パースペクティブ
Ritratto	ポートレート
Scultura	彫刻
Stampino	ステンシル
Vernice	ワニス

Astronomia
天文学

Asteroide	小惑星
Astronauta	宇宙飛行士
Astronomo	天文学者
Cielo	空
Costellazione	星座
Equinozio	春分
Galassia	銀河
Gravità	重力
Luna	月
Meteora	流星
Nebulosa	星雲
Osservatorio	天文台
Pianeta	惑星
Radiazione	放射線
Razzo	ロケット
Supernova	超新星
Telescopio	望遠鏡
Terra	地球
Universo	宇宙
Zodiaco	ゾディアック

Attività
アクティビティ

Abilità	スキル
Arte	アート
Artigianato	工芸品
Attività	活動
Caccia	狩猟
Campeggio	キャンプ
Cucire	縫製
Danza	ダンシング
Escursioni	ハイキング
Fotografia	写真撮影
Giardinaggio	園芸
Giochi	ゲーム
Interessi	興味
Lettura	読書
Magia	魔法
Pesca	釣り
Piacere	喜び
Puzzle	パズル
Rilassamento	リラクゼーション
Tempo Libero	レジャー

Attività Commerciale
ビジネス

Bilancio	予算
Carriera	経歴
Costo	費用
Datore di Lavoro	雇用者
Dipendente	従業員
Economia	経済学
Fabbrica	工場
Finanza	金融
Investimento	投資
Merce	商品
Negozio	店
Profitto	利益
Reddito	所得
Sconto	割引
Società	会社
Soldi	お金
Transazione	取引
Ufficio	オフィス
Valuta	通貨
Vendita	販売

Attività e Tempo Libero
アクティビティとレジャー

Arte	アート
Baseball	野球
Basket	バスケットボール
Boxe	ボクシング
Calcio	サッカー
Campeggio	キャンプ
Escursioni	ハイキング
Giardinaggio	園芸
Golf	ゴルフ
Hobby	趣味
Immersione	ダイビング
Nuoto	水泳
Pallavolo	バレーボール
Pesca	釣り
Pittura	絵画
Rilassante	リラックス
Surf	サーフィン
Tennis	テニス
Viaggio	旅行

Avventura
アドベンチャー

Amici	友達
Attività	活動
Bellezza	美しさ
Caso	チャンス
Coraggio	勇気
Destinazione	行き先
Difficoltà	困難
Entusiasmo	熱意
Escursione	遠足
Gioia	喜び
Insolito	珍しい
Itinerario	旅程
Natura	自然
Navigazione	ナビゲーション
Nuovo	新着
Opportunità	機会
Pericoloso	危険な
Preparazione	準備
Sfide	課題
Sicurezza	安全性

Balletto
バレエ

Abilità	スキル
Applauso	拍手
Artistico	芸術的
Assolo	ソロ
Ballerina	バレリーナ
Ballerini	ダンサー
Compositore	作曲家
Coreografia	振り付け
Espressivo	表現力豊かな
Gesto	ジェスチャー
Intensità	強度
Lezioni	レッスン
Muscoli	筋肉
Musica	音楽
Orchestra	オーケストラ
Pratica	練習
Prova	リハーサル
Ritmo	リズム
Stile	スタイル
Tecnica	技術

Barbecue
バーベキュー

Caldo	ホット
Cena	夕食
Cibo	食べ物
Cipolle	玉ねぎ
Coltelli	ナイフ
Estate	夏
Fame	飢餓
Famiglia	家族
Frutta	フルーツ
Giochi	ゲーム
Griglia	グリル
Insalate	サラダ
Invito	招待
Musica	音楽
Pepe	コショウ
Pollo	チキン
Pomodori	トマト
Pranzo	ランチ
Sale	塩
Salsa	ソース

Bellezza
ビューティー

Colore	色
Cosmetici	化粧品
Elegante	エレガント
Eleganza	優雅
Fascino	魅力
Forbici	はさみ
Fotogenico	フォトジェニック
Fragranza	香り
Mascara	マスカラ
Oli	オイル
Pelle	肌
Prodotti	製品
Riccioli	カール
Rossetto	口紅
Servizi	サービス
Shampoo	シャンプー
Specchio	鏡
Stilista	スタイリスト
Trucco	化粧

Biologia
生物学

Anatomia	解剖学
Batteri	細菌
Cellula	細胞
Collagene	コラーゲン
Cromosoma	染色体
Embrione	胚
Enzima	酵素
Evoluzione	進化
Fotosintesi	光合成
Mammifero	哺乳類
Mutazione	突然変異
Naturale	ナチュラル
Nervo	神経
Neurone	ニューロン
Ormone	ホルモン
Osmosi	浸透
Proteina	タンパク質
Rettile	爬虫類
Simbiosi	共生
Sinapsi	シナプス

Campeggio
キャンプ

Alberi	木
Amaca	ハンモック
Animali	動物
Avventura	冒険
Bussola	コンパス
Cabina	キャビン
Caccia	狩猟
Canoa	カヌー
Cappello	帽子
Corda	ロープ
Divertimento	楽しい
Foresta	森
Fuoco	火
Insetto	昆虫
Lago	湖
Luna	月
Mappa	地図
Montagna	山
Natura	自然
Tenda	テント

Casa
ハウス

Attico	屋根裏
Biblioteca	図書館
Camera	部屋
Camino	暖炉
Cucina	キッチン
Doccia	シャワー
Finestra	窓
Garage	ガレージ
Giardino	庭
Lampada	ランプ
Parete	壁
Pavimento	床
Porta	ドア
Recinto	フェンス
Rubinetto	蛇口
Scopa	ほうき
Soffitto	天井
Specchio	鏡
Tappeto	ラグ
Tetto	屋根

Chimica
化学

Acido	酸
Alcalino	アルカリ性
Atomico	アトミック
Calore	熱
Carbonio	炭素
Catalizzatore	触媒
Cloro	塩素
Elettrone	電子
Enzima	酵素
Gas	ガス
Idrogeno	水素
Ione	イオン
Liquido	液体
Molecola	分子
Nucleare	核
Organico	有機
Ossigeno	酸素
Peso	重さ
Sale	塩
Temperatura	温度

Cibo #1
食べ物 #1

Aglio	ニンニク
Basilico	バジル
Cannella	シナモン
Carne	肉
Carota	にんじん
Cipolla	玉葱
Fragola	苺
Insalata	サラダ
Latte	ミルク
Limone	レモン
Menta	ミント
Orzo	オオムギ
Pera	梨
Rapa	カブ
Sale	塩
Spinaci	ほうれん草
Succo	ジュース
Tonno	ツナ
Torta	ケーキ
Zucchero	砂糖

Cibo #2
食べ物 #2

Banana	バナナ
Broccolo	ブロッコリー
Ciliegia	チェリー
Cioccolato	チョコレート
Formaggio	チーズ
Fungo	キノコ
Grano	小麦
Kiwi	キウイ
Mela	アップル
Melanzana	茄子
Pane	パン
Pesce	魚
Pollo	チキン
Pomodoro	トマト
Prosciutto	ハム
Riso	米
Sedano	セロリ
Uovo	卵
Uva	葡萄
Yogurt	ヨーグルト

Cioccolato
チョコレート

Amaro	苦い
Antiossidante	酸化防止剤
Arachidi	ピーナッツ
Aroma	香り
Artigianale	職人
Brama	渇望
Cacao	カカオ
Calorie	カロリー
Caramello	カラメル
Delizioso	美味しい
Dolce	甘い
Esotico	エキゾチック
Gusto	味
Ingrediente	成分
Noce di Cocco	ココナッツ
Polvere	粉
Preferito	お気に入り
Qualità	品質
Ricetta	レシピ
Zucchero	砂糖

Città
町

Aeroporto	空港
Banca	銀行
Biblioteca	図書館
Cinema	シネマ
Clinica	診療所
Farmacia	薬局
Fiorista	花屋
Galleria	ギャラリー
Hotel	ホテル
Libreria	書店
Mercato	市場
Museo	博物館
Negozio	店
Panetteria	ベーカリー
Scuola	学校
Stadio	スタジアム
Supermercato	スーパーマーケット
Teatro	劇場
Università	大学
Zoo	動物園

Colori
[色]

Arancia	オレンジ
Azzurro	紺碧
Beige	ベージュ
Bianco	白い
Blu	青
Ciano	シアン
Cremisi	クリムゾン
Fucsia	フクシア
Giallo	黄色
Grigio	グレー
Indaco	インジゴ
Magenta	マゼンタ
Marrone	茶色
Nero	ブラック
Rosa	ピンク
Rosso	赤
Seppia	セピア
Verde	緑
Viola	紫

Corpo Umano
人体

Bocca	口
Caviglia	足首
Cervello	脳
Collo	首
Cuore	心臓
Dito	指
Faccia	顔
Gamba	足
Ginocchio	膝
Gomito	肘
Mano	手
Mento	顎
Naso	鼻
Occhio	目
Orecchio	耳
Pelle	肌
Sangue	血
Spalla	肩
Stomaco	胃
Testa	頭

Creatività
創造性

Abilità	スキル
Artistico	芸術的
Autenticità	信憑性
Chiarezza	明快
Drammatico	劇的
Emozioni	感情
Espressione	表現
Fluidità	流動性
Idee	アイデア
Immaginazione	想像力
Immagine	画像
Impressione	印象
Intensità	強度
Intuizione	直感
Inventivo	発明
Ispirazione	インスピレーション
Sensazione	感覚
Spontaneo	自発
Visioni	ビジョン
Vitalità	活力

Diplomazia
外交

Ambasciata	大使館
Ambasciatore	大使
Cittadini	市民
Civico	シビック
Comunità	コミュニティ
Conflitto	対立
Consigliere	顧問
Cooperazione	協力
Diplomatico	外交
Discussione	議論
Etica	倫理
Giustizia	正義
Governo	政府
Integrità	整合性
Politica	政治
Risoluzione	解像度
Sicurezza	安全
Soluzione	解決
Trattato	条約
Umanitario	人道主義者

Discipline Scientifiche
科学分野

Anatomia	解剖学
Archeologia	考古学
Astronomia	天文学
Biochimica	生化学
Biologia	生物学
Botanica	植物学
Chimica	化学
Ecologia	生態学
Fisiologia	生理
Geologia	地質学
Immunologia	免疫学
Linguistica	言語学
Meccanica	力学
Meteorologia	気象学
Mineralogia	鉱物学
Neurologia	神経学
Psicologia	心理学
Sociologia	社会学
Termodinamica	熱力学
Zoologia	動物学

Ecologia
エコロジー

Clima	気候
Comunità	コミュニティ
Diversità	多様性
Fauna	動物相
Flora	フローラ
Globale	グローバル
Habitat	生息地
Marino	マリン
Montagne	山
Natura	自然
Naturale	ナチュラル
Palude	マーシュ
Piante	植物
Risorse	リソース
Siccità	旱魃
Sopravvivenza	生存
Sostenibile	持続可能
Specie	種
Vegetazione	植生
Volontari	ボランティア

Edifici
建物

Ambasciata	大使館
Appartamento	アパート
Cabina	キャビン
Castello	城
Cinema	シネマ
Fabbrica	工場
Fienile	納屋
Hotel	ホテル
Laboratorio	研究室
Museo	博物館
Ospedale	病院
Osservatorio	天文台
Ostello	ホステル
Scuola	学校
Stadio	スタジアム
Supermercato	スーパーマーケット
Teatro	劇場
Tenda	テント
Torre	タワー
Università	大学

Elettricità
電気

Batteria	電池
Cavo	ケーブル
Conservazione	ストレージ
Elettricista	電気技師
Elettrico	電気
Fili	ワイヤ
Generatore	発生器
Lampada	ランプ
Lampadina	電球
Laser	レーザー
Magnete	磁石
Negativo	負
Oggetti	オブジェクト
Positivo	正
Presa	ソケット
Quantità	量
Rete	通信網
Telefono	電話
Televisione	テレビ

Energia
エネルギー

Ambiente	環境
Batteria	電池
Benzina	ガソリン
Calore	熱
Carbonio	炭素
Carburante	燃料
Diesel	ディーゼル
Elettrico	電気
Elettrone	電子
Entropia	エントロピー
Fotone	光子
Idrogeno	水素
Industria	業界
Inquinamento	汚染
Motore	モーター
Nucleare	核
Rinnovabile	再生可能
Turbina	タービン
Vapore	蒸気
Vento	風

Erboristeria
本草学

Aglio	ニンニク
Aneto	ディル
Aromatico	芳香族
Basilico	バジル
Culinario	料理
Dragoncello	タラゴン
Finocchio	フェンネル
Fiore	花
Giardino	庭
Ingrediente	成分
Lavanda	ラベンダー
Maggiorana	マージョラム
Menta	ミント
Origano	オレガノ
Prezzemolo	パセリ
Qualità	品質
Rosmarino	ローズマリー
Timo	タイム
Verde	緑
Zafferano	サフラン

Escursionismo
ハイキング

Acqua	水
Animali	動物
Campeggio	キャンプ
Clima	気候
Guide	ガイド
Mappa	地図
Montagna	山
Natura	自然
Orientamento	オリエンテーション
Parchi	公園
Pesante	重い
Pietre	石
Preparazione	準備
Scogliera	崖
Selvaggio	野生
Sole	太陽
Stanco	疲れた
Stivali	ブーツ
Vertice	サミット
Zanzare	蚊

Famiglia
ファミリー

Antenato	祖先
Bambini	子供達
Bambino	子供
Cugino	いとこ
Figlia	娘
Fratello	兄弟
Gemelli	双子
Infanzia	子供の頃
Madre	母
Marito	夫
Materno	母性
Moglie	妻
Nipote	甥
Nonna	おばあちゃん
Nonno	祖父
Padre	父
Paterno	父方の
Sorella	姉妹
Zia	叔母
Zio	叔父

Fantascienza
サイエンス・フィクション

Atomico	アトミック
Cinema	シネマ
Distopia	ディストピア
Esplosione	爆発
Fantastico	素晴らしい
Fuoco	火
Futuristico	未来的
Galassia	銀河
Illusione	イリュージョン
Immaginario	虚数
Libri	書籍
Misterioso	神秘的な
Mondo	世界
Oracolo	オラクル
Pianeta	惑星
Realistico	現実的
Robot	ロボット
Scenario	シナリオ
Tecnologia	技術
Utopia	ユートピア

Fattoria #1
ファーム #1

Acqua	水
Agricoltura	農業
Ape	蜂
Asino	ロバ
Campo	フィールド
Cane	犬
Capra	ヤギ
Cavallo	馬
Fertilizzante	肥料
Fieno	ヘイ
Gatto	猫
Gregge	群れ
Maiale	豚
Miele	蜂蜜
Mucca	牛
Pollo	チキン
Recinto	フェンス
Riso	米
Semi	種子
Vitello	ふくらはぎ

Fattoria #2
ファーム #2

Agnello	子羊
Agricoltore	農家
Alveare	蜂の巣
Anatra	アヒル
Animali	動物
Cibo	食べ物
Fienile	納屋
Frutta	フルーツ
Frutteto	オーチャード
Grano	小麦
Irrigazione	灌漑
Lama	ラマ
Latte	ミルク
Mais	コーン
Oche	ガチョウ
Orzo	オオムギ
Pastore	羊飼い
Pecora	羊
Prato	牧草地
Trattore	トラクター

Fiori
花々

Dente di Leone	タンポポ
Gardenia	クチナシ
Gelsomino	ジャスミン
Giglio	百合
Girasole	ひまわり
Ibisco	ハイビスカス
Lavanda	ラベンダー
Lilla	ライラック
Magnolia	マグノリア
Margherita	デイジー
Mazzo	花束
Orchidea	蘭
Papavero	ポピー
Passiflora	トケイソウ
Peonia	牡丹
Petalo	花弁
Plumeria	プルメリア
Trifoglio	クローバー
Tulipano	チューリップ

Fisica
物理学

Accelerazione	加速
Atomo	原子
Caos	混沌
Chimico	化学薬品
Densità	密度
Elettrone	電子
Espansione	拡張
Formula	式
Frequenza	周波数
Gas	ガス
Gravità	重力
Magnetismo	磁気
Meccanica	力学
Molecola	分子
Motore	エンジン
Nucleare	核
Particella	粒子
Relatività	相対性理論
Universale	ユニバーサル
Velocità	速度

Foresta Pluviale
レインフォレスト

Anfibi	両生類
Botanico	植物
Clima	気候
Comunità	コミュニティ
Diversità	多様性
Giungla	ジャングル
Indigeno	先住民族
Insetti	虫
Mammiferi	哺乳類
Muschio	苔
Natura	自然
Nuvole	雲
Preservazione	保存
Prezioso	貴重
Restauro	復元
Rifugio	避難
Rispetto	尊敬
Sopravvivenza	生存
Specie	種
Uccelli	鳥

Forniture Artistiche
アートサプライ

Acqua	水
Acquerelli	水彩画
Acrilico	アクリル
Argilla	粘土
Carbone	炭
Carta	紙
Cavalletto	イーゼル
Colla	のり
Colori	色
Creatività	創造性
Gomma	消しゴム
Idee	アイデア
Inchiostro	インク
Matite	鉛筆
Olio	油
Pastelli	パステル
Sedia	椅子
Spazzole	ブラシ
Tavolo	テーブル
Telecamera	カメラ

Forza e Gravità
力と重力

Asse	軸
Attrito	摩擦
Centro	センター
Dinamico	動的
Distanza	距離
Espansione	拡張
Fisica	物理学
Impatto	影響
Magnetismo	磁気
Meccanica	力学
Movimento	モーション
Orbita	軌道
Peso	重さ
Pianeti	惑星
Pressione	圧力
Proprietà	プロパティ
Scoperta	発見
Tempo	時間
Universale	ユニバーサル
Velocità	速度

Frutta
フルーツ

Albicocca	アプリコット
Ananas	パイナップル
Arancia	オレンジ
Avocado	アボカド
Bacca	ベリー
Banana	バナナ
Ciliegia	チェリー
Kiwi	キウイ
Lampone	ラズベリー
Limone	レモン
Mango	マンゴー
Mela	アップル
Melone	メロン
Mora	ブラックベリー
Nettarina	ネクタリン
Papaia	パパイヤ
Pera	梨
Pesca	桃
Prugna	梅
Uva	葡萄

Geografia
地理学

Altitudine	高度
Atlante	アトラス
Città	市
Continente	大陸
Emisfero	半球
Fiume	川
Isola	島
Latitudine	緯度
Longitudine	経度
Mappa	地図
Mare	海
Meridiano	子午線
Mondo	世界
Montagna	山
Nord	北
Ovest	西
Paese	国
Regione	領域
Sud	南
Territorio	地域

Geologia
地質学

Acido	酸
Altopiano	高原
Calcio	カルシウム
Caverna	洞窟
Continente	大陸
Corallo	コーラル
Cristalli	結晶
Erosione	侵食
Fossile	化石
Geyser	間欠泉
Lava	溶岩
Minerali	ミネラル
Pietra	石
Quarzo	石英
Sale	塩
Stalagmiti	石筍
Stalattite	鍾乳石
Strato	層
Terremoto	地震
Vulcano	火山

Geometria
ジオメトリ

Altezza	高さ
Angolo	角度
Calcolo	計算
Cerchio	円
Curva	曲線
Diametro	直径
Dimensione	次元
Equazione	方程式
Logica	論理
Mediano	中央値
Numero	番号
Orizzontale	水平
Parallelo	平行
Proporzione	割合
Segmento	セグメント
Simmetria	対称
Superficie	表面
Teoria	理論
Triangolo	三角形
Verticale	垂直

Giardinaggio
ガーデニング

Acqua	水
Botanico	植物
Clima	気候
Commestibile	食用
Compost	堆肥
Contenitore	容器
Esotico	エキゾチック
Fiorire	花
Floreale	フローラル
Fogliame	葉
Frutteto	オーチャード
Mazzo	花束
Semi	種子
Specie	種
Sporco	泥
Stagionale	季節
Suolo	土
Tubo	ホース
Umidità	水分

Giardino
ガーデン

Albero	木
Amaca	ハンモック
Cespuglio	ブッシュ
Erba	草
Erbacce	雑草
Fiore	花
Frutteto	オーチャード
Garage	ガレージ
Giardino	庭
Pala	シャベル
Panca	ベンチ
Portico	ポーチ
Prato	芝生
Rastrello	熊手
Recinto	フェンス
Stagno	池
Suolo	土
Terrazza	テラス
Trampolino	トランポリン
Tubo	ホース

Giorni e Mesi
日と月

Agosto	八月
Anno	年
Aprile	エイプリル
Calendario	カレンダー
Domenica	日曜日
Febbraio	二月
Giovedì	木曜日
Giugno	六月
Luglio	七月
Lunedì	月曜日
Maggio	五月
Martedì	火曜日
Marzo	行進
Mercoledì	水曜日
Mese	月
Novembre	十一月
Sabato	土曜日
Settembre	セプテンバー
Settimana	週
Venerdì	金曜日

Governo
政府

Capo	リーダー
Cittadinanza	市民権
Civile	市民
Costituzione	憲法
Democrazia	民主主義
Diritti	権利
Discorso	スピーチ
Discussione	議論
Giudiziario	司法
Giustizia	正義
Indipendenza	独立
Legge	法律
Libertà	自由
Monumento	記念碑
Nazione	国家
Politica	政治
Potenza	パワー
Simbolo	シンボル
Stato	状態
Uguaglianza	平等

Guida
運転

Attenzione	注意
Auto	車
Autobus	バス
Carburante	燃料
Freni	ブレーキ
Garage	ガレージ
Gas	ガス
Incidente	事故
Licenza	ライセンス
Mappa	地図
Moto	オートバイ
Motore	モーター
Pedonale	歩行者
Pericolo	危険
Polizia	警察
Sicurezza	安全性
Strada	道
Traffico	交通
Tunnel	トンネル
Velocità	速度

I Media
メディア

Commerciale	商業
Comunicazione	通信
Digitale	デジタル
Edizione	版
Educazione	教育
Fatti	事実
Finanziamento	資金調達
Foto	写真
Giornali	新聞
Individuale	個人
Industria	業界
Intellettuale	知的
Locale	ローカル
Online	オンライン
Opinione	意見
Pubblicità	広告
Pubblico	公共
Radio	ラジオ
Rete	通信網
Televisione	テレビ

Imbarcazioni
ボート

Albero	マスト
Ancora	アンカー
Boa	ブイ
Canoa	カヌー
Corda	ロープ
Dock	ドック
Equipaggio	クルー
Fiume	川
Kayak	カヤック
Lago	湖
Mare	海
Marea	潮
Marinaio	セーラー
Motore	エンジン
Nautico	ノーティカル
Oceano	海洋
Onde	波
Traghetto	フェリー
Yacht	ヨット
Zattera	いかだ

Immigrazione
移民

Adulti	大人
Aiuto	援助
Alloggio	ハウジング
Amministrazione	管理
Approvazione	承認
Bambini	子供達
Comunicazione	通信
Documenti	文書
Finanziamento	資金調達
Legge	法律
Lingua	言語
Processo	処理する
Protezione	保護
Scadenza	締め切り
Situazione	状況
Soluzione	解決
Stress	ストレス
Trattativa	交渉
Ufficiale	役員

Ingegneria
エンジニアリング

Angolo	角度
Asse	軸
Calcolo	計算
Costruzione	建設
Diagramma	図
Diametro	直径
Diesel	ディーゼル
Distribuzione	分布
Energia	エネルギー
Forza	強さ
Ingranaggi	ギア
Liquido	液体
Macchina	機械
Misurazione	測定
Motore	モーター
Profondità	深さ
Propulsione	推進
Rotazione	回転
Stabilità	安定性
Struttura	構造

Jazz
ジャズ

Album	アルバム
Applauso	拍手
Artista	アーティスト
Canzone	歌
Compositore	作曲家
Composizione	構成
Concerto	コンサート
Enfasi	強調
Famoso	有名な
Genere	ジャンル
Improvvisazione	即興
Musica	音楽
Nuovo	新着
Orchestra	オーケストラ
Preferiti	お気に入り
Ritmo	リズム
Stile	スタイル
Talento	才能
Tecnica	技術
Vecchio	古い

L'Azienda
ザ・カンパニー

Creativo	クリエイティブ
Decisione	決定
Globale	グローバル
Industria	業界
Innovativo	革新的
Investimento	投資
Occupazione	雇用
Possibilità	可能性
Presentazione	プレゼンテーション
Prodotto	製品
Professionale	プロ
Progresso	進捗
Qualità	品質
Reddito	収益
Reputazione	評判
Rischi	リスク
Risorse	リソース
Salari	賃金
Tendenze	トレンド
Unità	単位

Letteratura
文学

Analisi	分析
Analogia	類推
Aneddoto	逸話
Autore	著者
Biografia	伝記
Conclusione	結論
Confronto	比較
Descrizione	説明
Dialogo	対話
Genere	ジャンル
Metafora	比喩
Opinione	意見
Poesia	詩
Poetico	詩的
Rima	韻
Ritmo	リズム
Romanzo	小説
Stile	スタイル
Tema	テーマ
Tragedia	悲劇

Libri
書籍

Autore	著者
Avventura	冒険
Carattere	キャラクター
Collezione	コレクション
Dualità	二重性
Epico	エピック
Inventivo	発明
Letterario	文学
Lettore	読者
Narratore	ナレーター
Pagina	ページ
Poesia	詩
Rilevante	関連する
Romanzo	小説
Scritto	書かれた
Serie	シリーズ
Storia	ストーリー
Storico	歴史的
Tragico	悲劇的
Umoristico	ユーモラス

Malattia
病気

Acuto	急性
Addominale	腹部
Allergie	アレルギー
Benessere	ウェルネス
Contagioso	伝染性
Corpo	体
Cronico	慢性
Cuore	心臓
Debole	弱い
Ereditario	遺伝性
Genetico	遺伝
Immunità	免疫
Infiammazione	炎症
Lombare	腰椎
Neuropatia	神経障害
Polmonare	肺
Respiratorio	呼吸器
Salute	健康
Sindrome	症候群
Terapia	治療

Mammiferi
哺乳類

Balena	鯨
Cane	犬
Canguro	カンガルー
Cavallo	馬
Cervo	鹿
Coniglio	うさぎ
Coyote	コヨーテ
Delfino	イルカ
Elefante	象
Gatto	猫
Giraffa	キリン
Gorilla	ゴリラ
Leone	ライオン
Lupo	狼
Orso	熊
Pecora	羊
Scimmia	猿
Toro	ブル
Volpe	狐
Zebra	シマウマ

Matematica
数学

Angoli	角度
Aritmetica	算術
Circonferenza	円周
Decimale	小数
Diametro	直径
Equazione	方程式
Esponente	指数
Frazione	分数
Geometria	幾何学
Parallelo	平行
Parallelogramma	平行四辺形
Perimetro	周囲
Perpendicolare	垂直
Poligono	多角形
Raggio	半径
Rettangolo	矩形
Simmetria	対称
Somma	和
Triangolo	三角形
Volume	ボリューム

Meditazione
瞑想

Accettazione	受け入れ
Attenzione	注意
Chiarezza	明快
Compassione	思いやり
Emozioni	感情
Gentilezza	親切
Gratitudine	感謝
Insegnamenti	教え
Mentale	メンタル
Mente	マインド
Movimento	動き
Musica	音楽
Natura	自然
Osservazione	観察
Pace	平和
Pensieri	思考
Postura	姿勢
Prospettiva	パースペクティブ
Respirazione	呼吸
Silenzio	沈黙

Meteo
天気

Arcobaleno	虹
Asciutto	ドライ
Atmosfera	雰囲気
Brezza	そよ風
Cielo	空
Clima	気候
Fulmine	稲妻
Ghiaccio	氷
Monsone	モンスーン
Nebbia	霧
Nube	雲
Polare	極性
Siccità	旱魃
Temperatura	温度
Tempesta	嵐
Tornado	竜巻
Tropicale	トロピカル
Tuono	雷
Uragano	ハリケーン
Vento	風

Misurazioni
測定値

Altezza	高さ
Byte	バイト
Centimetro	センチメートル
Chilogrammo	キログラム
Chilometro	キロメートル
Decimale	小数
Grado	度
Grammo	グラム
Larghezza	幅
Litro	リットル
Lunghezza	長さ
Metro	メーター
Minuto	分
Oncia	オンス
Peso	重さ
Pinta	パイント
Pollice	インチ
Profondità	深さ
Tonnellata	トン
Volume	ボリューム

Mitologia
神話

Archetipo	原型
Comportamento	行動
Creatura	生き物
Creazione	作成
Cultura	文化
Disastro	災害
Divinità	神々
Eroe	ヒーロー
Forza	強さ
Fulmine	稲妻
Gelosia	嫉妬
Guerriero	戦士
Immortalità	不死
Labirinto	ラビリンス
Leggenda	伝説
Magico	魔法の
Mortale	モータル
Mostro	モンスター
Tuono	雷
Vendetta	復讐

Moda
ファッション

Abbigliamento	衣類
Boutique	ブティック
Caro	高価な
Confortevole	快適
Elegante	エレガント
Minimalista	ミニマリスト
Misure	測定
Modello	パターン
Moderno	モダン
Originale	オリジナル
Pizzo	レース
Pratico	実用的
Pulsanti	ボタン
Ricamo	刺繍
Sofisticato	洗練された
Stile	スタイル
Tendenza	トレンド
Tessuto	生地
Trama	テクスチャ

Musica
音楽

Album	アルバム
Armonia	調和
Armonico	ハーモニック
Ballata	バラード
Cantante	歌手
Cantare	歌う
Classico	クラシック
Coro	コーラス
Lirico	叙情的
Melodia	メロディー
Microfono	マイク
Musicale	ミュージカル
Musicista	音楽家
Opera	オペラ
Poetico	詩的
Registrazione	録音
Ritmo	リズム
Strumento	楽器
Tempo	テンポ
Vocale	ボーカル

Natura
自然

Animali	動物
Api	蜂
Artico	北極
Bellezza	美しさ
Deserto	砂漠
Dinamico	動的
Erosione	侵食
Fiume	川
Fogliame	葉
Foresta	森
Ghiacciaio	氷河
Montagne	山
Nebbia	霧
Nuvole	雲
Rifugio	シェルター
Santuario	サンクチュアリ
Selvaggio	野生
Sereno	穏やか
Tropicale	トロピカル
Vitale	重要

Numeri
数字

Cinque	五
Decimale	小数
Diciannove	十九
Diciassette	セブンティーン
Diciotto	十八
Dieci	十
Dodici	十二
Due	二
Nove	九
Otto	八
Quattordici	十四
Quattro	四
Quindici	十五
Sedici	十六
Sei	六
Sette	セブン
Tre	三
Tredici	十三
Venti	二十
Zero	ゼロ

Nutrizione
栄養

Amaro	苦い
Appetito	食欲
Bilanciato	バランス
Calorie	カロリー
Carboidrati	炭水化物
Commestibile	食用
Dieta	ダイエット
Digestione	消化
Fermentazione	発酵
Liquidi	液体
Nutriente	栄養素
Peso	重さ
Proteine	タンパク質
Qualità	品質
Salsa	ソース
Salute	健康
Sano	元気
Spezie	スパイス
Tossina	毒素
Vitamina	ビタミン

Oceano
海洋

Anguilla	うなぎ
Balena	鯨
Barca	ボート
Corallo	コーラル
Delfino	イルカ
Gamberetto	エビ
Granchio	カニ
Maree	潮汐
Medusa	クラゲ
Onde	波
Ostrica	カキ
Pesce	魚
Polpo	たこ
Sale	塩
Scogliera	リーフ
Spugna	スポンジ
Squalo	鮫
Tartaruga	カメ
Tempesta	嵐
Tonno	ツナ

Paesaggi
風景

Cascata	滝
Collina	丘
Deserto	砂漠
Fiume	川
Geyser	間欠泉
Ghiacciaio	氷河
Grotta	洞窟
Iceberg	氷山
Isola	島
Lago	湖
Mare	海
Montagna	山
Oasi	オアシス
Oceano	海洋
Palude	沼
Penisola	半島
Spiaggia	ビーチ
Tundra	ツンドラ
Valle	谷
Vulcano	火山

Paesi #1
国 #1

Brasile	ブラジル
Cambogia	カンボジア
Canada	カナダ
Egitto	エジプト
Finlandia	フィンランド
Germania	ドイツ
India	インド
Iraq	イラク
Israele	イスラエル
Libia	リビア
Mali	マリ
Marocco	モロッコ
Norvegia	ノルウェー
Panama	パナマ
Polonia	ポーランド
Romania	ルーマニア
Senegal	セネガル
Spagna	スペイン
Venezuela	ベネズエラ
Vietnam	ベトナム

Paesi #2
国 #2

Albania	アルバニア
Danimarca	デンマーク
Etiopia	エチオピア
Giamaica	ジャマイカ
Giappone	日本
Grecia	ギリシャ
Haiti	ハイチ
Indonesia	インドネシア
Irlanda	アイルランド
Laos	ラオス
Liberia	リベリア
Messico	メキシコ
Nepal	ネパール
Nigeria	ナイジェリア
Pakistan	パキスタン
Russia	ロシア
Siria	シリア
Sudan	スーダン
Ucraina	ウクライナ
Uganda	ウガンダ

Piante
植物

Albero	木
Bacca	ベリー
Bambù	竹
Botanica	植物学
Cactus	サボテン
Cespuglio	ブッシュ
Crescere	育つ
Edera	蔦
Erba	草
Fagiolo	豆
Fertilizzante	肥料
Fiore	花
Flora	フローラ
Fogliame	葉
Foresta	森
Giardino	庭
Muschio	苔
Petalo	花弁
Radice	根
Vegetazione	植生

Professioni #1
職業 #1

Allenatore	コーチ
Ambasciatore	大使
Artista	アーティスト
Astronomo	天文学者
Avvocato	弁護士
Ballerino	踊り子
Banchiere	銀行家
Cacciatore	ハンター
Cartografo	地図製作者
Editore	編集者
Farmacista	薬剤師
Geologo	地質学者
Gioielliere	宝石商
Idraulico	配管工
Infermiera	看護婦
Musicista	音楽家
Pianista	ピアニスト
Psicologo	心理学者
Scienziato	科学者
Veterinario	獣医

Professioni #2
職業 #2

Astronauta	宇宙飛行士
Bibliotecario	司書
Biologo	生物学者
Chirurgo	外科医
Dentista	歯医者
Filosofo	哲学者
Fotografo	写真家
Giardiniere	庭師
Giornalista	ジャーナリスト
Illustratore	イラストレーター
Ingegnere	エンジニア
Insegnante	先生
Inventore	発明者
Investigatore	調査員
Linguista	言語学者
Medico	医師
Pilota	パイロット
Pittore	画家
Ricercatore	研究者
Zoologo	動物学者

Psicologia
心理学

Clinico	臨床
Cognizione	認知
Comportamento	行動
Conflitto	対立
Ego	自我
Emozioni	感情
Esperienze	経験
Idee	アイデア
Inconscio	無意識
Infanzia	子供の頃
Influenze	影響
Pensieri	思考
Percezione	知覚
Problema	問題
Realtà	現実
Ricordi	思い出
Sensazione	感覚
Sogni	夢
Terapia	治療
Valutazione	評価

Riscaldamento Globale
地球温暖化

Ambientale	環境
Artico	北極
Attenzione	注意
Clima	気候
Crisi	危機
Dati	データ
Energia	エネルギー
Futuro	未来
Gas	ガス
Generazioni	世代
Governo	政府
Habitat	生息地
Industria	業界
Internazionale	国際
Legislazione	法律
Ora	今
Popolazioni	人口
Scienziato	科学者
Sviluppo	発達
Temperature	温度

Ristorante #2
レストラン #2

Acqua	水
Aperitivo	前菜
Bevanda	飲料
Cameriere	ウェイター
Cena	夕食
Cucchiaio	スプーン
Delizioso	美味しい
Forchetta	フォーク
Frutta	フルーツ
Ghiaccio	氷
Insalata	サラダ
Minestra	スープ
Pesce	魚
Pranzo	ランチ
Sale	塩
Sedia	椅子
Spezie	スパイス
Torta	ケーキ
Uova	卵
Verdure	野菜

Salute e Benessere #1
ヘルス＆ウェルネス #1

Abitudine	習慣
Altezza	高さ
Attivo	アクティブ
Batteri	細菌
Clinica	診療所
Fame	飢餓
Farmacia	薬局
Frattura	骨折
Medicina	薬
Medico	医者
Muscoli	筋肉
Nervi	神経
Ormoni	ホルモン
Ossa	骨
Pelle	肌
Postura	姿勢
Riflesso	反射
Rilassamento	リラクゼーション
Terapia	治療
Virus	ウイルス

Salute e Benessere #2
ヘルス＆ウェルネス #2

Allergia	アレルギー
Anatomia	解剖学
Appetito	食欲
Caloria	カロリー
Corpo	体
Dieta	ダイエット
Digestione	消化
Disidratazione	脱水
Energia	エネルギー
Genetica	遺伝学
Igiene	衛生
Infezione	感染
Malattia	病気
Massaggio	マッサージ
Nutrizione	栄養
Ospedale	病院
Peso	重さ
Sangue	血
Sano	元気
Vitamina	ビタミン

Scacchi
チェス

Avversario	相手
Bianco	白い
Campione	チャンピオン
Concorso	コンテスト
Diagonale	対角
Giocatore	プレーヤー
Gioco	ゲーム
Intelligente	賢い
Nero	ブラック
Passivo	パッシブ
Per Imparare	学ぶために
Punti	ポイント
Re	キング
Regina	女王
Regole	ルール
Sacrificio	犠牲
Sfide	課題
Strategia	戦略
Tempo	時間
Torneo	トーナメント

Scienza
理科

Atomo	原子
Chimico	化学薬品
Clima	気候
Dati	データ
Esperimento	実験
Evoluzione	進化
Fatto	事実
Fisica	物理学
Fossile	化石
Gravità	重力
Ipotesi	仮説
Laboratorio	研究室
Metodo	方法
Minerali	ミネラル
Molecole	分子
Natura	自然
Organismo	生物
Osservazione	観察
Particelle	粒子
Scienziato	科学者

Spezie
スパイス

Aglio	ニンニク
Amaro	苦い
Anice	アニス
Cannella	シナモン
Cardamomo	カルダモン
Cipolla	玉葱
Coriandolo	コリアンダー
Cumino	クミン
Curcuma	ターメリック
Curry	カレー
Dolce	甘い
Finocchio	フェンネル
Liquirizia	甘草
Noce Moscata	ナツメグ
Paprika	パプリカ
Pepe	コショウ
Sale	塩
Vaniglia	バニラ
Zafferano	サフラン
Zenzero	ショウガ

Strumenti Musicali
楽器

Armonica	ハーモニカ
Arpa	ハープ
Banjo	バンジョー
Chitarra	ギター
Clarinetto	クラリネット
Fagotto	ファゴット
Flauto	フルート
Gong	ゴング
Mandolino	マンドリン
Marimba	マリンバ
Oboe	オーボエ
Percussione	パーカッション
Pianoforte	ピアノ
Sassofono	サックス
Tamburello	タンバリン
Tamburo	ドラム
Tromba	トランペット
Trombone	トロンボーン
Violino	バイオリン
Violoncello	チェロ

Tempo
時間

Anno	年
Annuale	通年
Calendario	カレンダー
Decennio	十年
Dopo	後
Futuro	未来
Giorno	日
Ieri	昨日
Mattina	朝
Mese	月
Mezzogiorno	昼
Minuto	分
Momento	一瞬
Notte	夜
Oggi	今日
Ora	時間
Orologio	時計
Prima	前
Secolo	世紀
Settimana	週

Tipi di Capelli
ヘアタイプ

Argento	銀
Asciutto	ドライ
Bianco	白い
Biondo	ブロンド
Breve	短い
Calvo	禿
Colorato	有色
Grigio	グレー
Intrecciato	編組
Lucido	シャイニー
Marrone	茶色
Morbido	ソフト
Nero	ブラック
Riccio	カーリー
Riccioli	カール
Sano	元気
Sottile	薄い
Spessore	厚い
Trecce	三つ編み

Uccelli
鳥類

Airone	サギ
Anatra	アヒル
Aquila	鷲
Cicogna	コウノトリ
Cigno	白鳥
Colomba	鳩
Cuculo	カッコウ
Falco	鷹
Fenicottero	フラミンゴ
Gabbiano	カモメ
Oca	ガチョウ
Pappagallo	オウム
Passero	スズメ
Pavone	孔雀
Pellicano	ペリカン
Pinguino	ペンギン
Pollo	チキン
Struzzo	ダチョウ
Tucano	オオハシ
Uovo	卵

Universo
宇宙

Asteroide	小惑星
Astronomia	天文学
Astronomo	天文学者
Atmosfera	雰囲気
Buio	闇
Celeste	天体
Cielo	空
Cosmico	コズミック
Emisfero	半球
Galassia	銀河
Latitudine	緯度
Longitudine	経度
Luna	月
Orbita	軌道
Orizzonte	地平線
Solare	太陽
Solstizio	至点
Telescopio	望遠鏡
Visibile	目に見える
Zodiaco	ゾディアック

Vacanze #2
バケーション #2

Aeroporto	空港
Campeggio	キャンプ
Destinazione	行き先
Foto	写真
Hotel	ホテル
Isola	島
Mappa	地図
Mare	海
Passaporto	パスポート
Ristorante	レストラン
Spiaggia	ビーチ
Straniero	外国人
Taxi	タクシー
Tempo Libero	レジャー
Tenda	テント
Trasporto	交通
Treno	列車
Vacanza	休日
Viaggio	旅
Visto	ビザ

Veicoli
車両

Aereo	飛行機
Ambulanza	救急車
Auto	車
Autobus	バス
Barca	ボート
Bicicletta	自転車
Camion	トラック
Caravan	キャラバン
Elicottero	ヘリコプター
Metropolitana	地下鉄
Motore	モーター
Pneumatici	タイヤ
Razzo	ロケット
Scooter	スクーター
Sottomarino	潜水艦
Taxi	タクシー
Traghetto	フェリー
Trattore	トラクター
Treno	列車
Zattera	いかだ

Verdure
野菜

Aglio	ニンニク
Broccolo	ブロッコリー
Carciofo	アーティチョーク
Carota	にんじん
Cetriolo	キュウリ
Cipolla	玉葱
Fungo	キノコ
Insalata	サラダ
Melanzana	茄子
Patata	じゃがいも
Pisello	エンドウ
Pomodoro	トマト
Prezzemolo	パセリ
Rapa	カブ
Ravanello	だいこん
Scalogno	エシャロット
Sedano	セロリ
Spinaci	ほうれん草
Zenzero	ショウガ
Zucca	かぼちゃ

Vestiti
洋服

Abito	ドレス
Braccialetto	ブレスレット
Camicetta	ブラウス
Camicia	シャツ
Cappello	帽子
Cappotto	コート
Cintura	ベルト
Collana	ネックレス
Giacca	ジャケット
Gonna	スカート
Grembiule	エプロン
Guanti	手袋
Jeans	ジーンズ
Maglione	セーター
Moda	ファッション
Pantaloni	パンツ
Pigiama	パジャマ
Sandali	サンダル
Scarpa	靴
Sciarpa	スカーフ

Congratulazioni

Ce l'hai fatta!

Speriamo che questo libro vi sia piaciuto tanto quanto a noi è piaciuto concepirlo. Ci sforziamo di creare libri della più alta qualità possibile.
Questa edizione è progettata per fornire un apprendimento intelligente, di qualità e divertente!

Le è piaciuto questo libro?

Una Semplice Richiesta

Questi libri esistono grazie alle recensioni che pubblicate.

Puoi aiutarci lasciando una recensione
ora a questo link ?

BestBooksActivity.com/Recensioni50

SFIDA FINALE!

Sfida n°1

Sei pronto per il tuo gioco gratuito? Li usiamo sempre, ma non sono così facili da trovare - ecco i **Sinonimi!**

Scrivi 5 parole che hai trovato nei puzzle (n° 21, n° 36, n° 76) e prova a trovare 2 sinonimi per ogni parola.

Scrivi 5 parole del *Puzzle 21*

Parole	Sinonimo 1	Sinonimo 2

Scrivi 5 parole del *Puzzle 36*

Parole	Sinonimo 1	Sinonimo 2

Scrivi 5 parole del *Puzzle 76*

Parole	Sinonimo 1	Sinonimo 2

Sfida n°2

Ora che ti sei riscaldato, scrivi 5 parole che hai trovato nei puzzle n° 9, n° 17 e n° 25 e cerca di trovare 2 contrari per ogni parola. Quanti ne puoi trovare in 20 minuti?

Scrivi 5 parole del **Puzzle 9**

Parole	Antonimo 1	Antonimo 2

Scrivi 5 parole del **Puzzle 17**

Parole	Antonimo 1	Antonimo 2

Scrivi 5 parole del **Puzzle 25**

Parole	Antonimo 1	Antonimo 2

Sfida n°3

Grande! Questa sfida  non è niente per te!

Pronto per la sfida finale? Scegli 10 parole che hai scoperto nei diversi puzzle e scrivile qui sotto.

1.	6.
2.	7.
3.	8.
4.	9.
5.	10.

Ora scrivi un testo pensando a una persona, un animale o un luogo che ti piace.

Puoi usare l'ultima pagina di questo libro come bozza.

La tua composizione:

TACCUINO:

A PRESTO!

Tutta la Squadra

SCOPRIRE GIOCHI GRATIS

GO

↓

BESTACTIVITYBOOKS.COM/FREEGAMES